TIENE LA NOCHE UN ÁRBOL

LECTURAS 82 MEXICANAS

Lecturas Mexicanas divulga en ediciones de grandes tiradas y precio reducido, obras relevantes de las letras, la historia, la ciencia, las ideas y el arte de nuestro país.

GUADALUPE DUEÑAS

Tiene la noche un árbol

Secretaría de Educación Pública

Primera edición (Letras Mexicanas), 1958
Primera edición en Lecturas Mexicanas, 1985

D. R. © 1958, Fondo de Cultura Económica, S. A. de C. V.
Av. de la Universidad, 975; 03100 México, D. F.

ISBN 968-16-1897-1

Impreso en méxico

LA TÍA CARLOTA

SIEMPRE estoy sola como el viejo naranjo que sucumbe en el patio. Vago por los corredores, por la huerta, por el gallinero durante toda la mañana.

Cuando me canso y voy a ver a mi tía, la vieja hermana de mi padre, que trasega en la cocina, invariablemente regreso con una tristeza nueva. Porque conmigo su lengua se hincha de palabras duras y su voz me descubre un odio incomprensible.

No me quiere. Dice que traigo desgracia y me nota en los ojos sombras de mal agüero.

Alta, cetrina, con ojos entrecerrados esculpidos en madera. Su boca es una línea sin sangre, insensible a la ternura. Mi tío afirma que ella no es mala.

Monologa implacable como el ruido que en la noria producen los chorros de agua, siempre contra mí:

—...Irse a ciudad extraña donde el mar es la perdición de todos, no tiene sentido. Cosas así no suceden en esta tierra. Y mira las consecuencias: anda dividido, con el alma partida en cuatro. Hay que verlo, frente al Cristo que está en tu pieza, llorar como lo hacía entre mis brazos cuando era pequeño. ¡Y es que no se consuela de haberle dado la espalda! Todo por culpa de ella, por esa que llamas madre. Tu padre estudiaba para cura cuando por su desdicha hizo aquel viaje funesto, único motivo para que abandonara el seminario. De haber deseado una esposa, debió elegir a Rosario Méndez, de abolengo y prima de tu padre. En tu casa ya llevan cinco criaturas y la "señora" no sabe atenderlas. Las ha repartido como a mostrencas de hospicio. A ti que no eres bonita te dejaron con nosotros. A tu tía Consolación le enviaron los dos muchachos. ¡A ver si con las gemelas tu madre se avispa un poco! De que era muy jovencita ya pasaron siete años. No me vengan con remilgos de que le falta experiencia. Si enredó a tu padre es que le sobra malicia... Yo no llegaré a santa, pero no he de perdonarle que habiendo bordado un alba para que la usara mi hermano en su primera misa, diga la deslenguada que se lo vuelvan ropón y pinten el tul de negro para que ella luzca un refajo...

Por un momento calla. Desquita su furia en las almendras que remuele en el molcajete.

Lentamente salgo, huyo a la huerta y lloro por una pena que todavía no sé cómo es de grande.

Me distraen las hormigas. Un hilo ensangrentado que va más allá de la puerta. Llevan hojas sobre sus cabellos y se me figuran señoritas con sombrilla; ninguna se detiene en la frescura de una rama, ni olvida su consigna y sueña sobre una piedra. Incansables, trabajan sonámbulas cuando arrecia la noche.

Atravieso el patio, aburrida me detengo junto al pozo y en el fondo la pupila de agua abre un pedazo de firmamento. Por el lomo de un ladrillo salta un renacuajo, quiebra la retina y las pestañas de musgo se bañan de azul.

De rodillas, con mi cara hundida en el brocal, deletreo mi nombre y las letras se humedecen con el vaho de la tierra. Luego escupo al fondo hasta que ya no tengo saliva. Me subo al pretil y desde allí, cuando la cortina de lona que libra del calor al patio se asusta con el aire, distingo la sotana de mi tío que va de la sala a la reja. Una mole gigante que suda todo el día, mientras estornudos formidables hacen tambalear su corpulencia.

Sobre sus canas, que la luz pinta de aluminio, veo claramente su enorme verruga semejante a una bola de chicle. Distingo su cara de niño monstruoso y sus fauces que devoran platos de cuajada y semas rellenas de nata frente a mi hambre.

Hace mucho que espera su nombramiento de canónigo. Ahora es capellán de Cumato, la hacienda de los Méndez, distante cinco leguas de donde mis tíos radican.

Llevo dos horas sola. De nuevo busco a mi tía. No importa lo que diga. Ha seguido hablando:

—...Podría haber sido tu madre mi prima Rosario. Entonces vivirías con el lujo de su hacienda, usarías corpiños de tira bordada y no tendrías ese color.

Rosario fue muy bella aunque hoy la mires

clavada en un sillón... Pero todo vuelve a lo mismo. El día que llegaste al mundo se quebró como una higuera tierna. Tú apagaste su esperanza. En fin, ya nada tiene remedio...

Silenciosamente me refugio en la sala. El Cristo triplica su agonía en los espejos. Es casi del alto de mi tío, pero llagado y negro, y no termina de cerrar los ojos. Respira, oigo su aliento en las paredes; no soy capaz de mirarlo.

Busco la sombra del naranjo y sin querer regreso a la cocina. No encuentro a tía Carlota. La espero pensando en "su prima Rosario": la conocí un domingo en la misa de la hacienda. Entró al oratorio, en su sillón de ruedas forrado de terciopelo, cuando principiaba la Epístola. La mantilla ensombrecía su chongo donde se apretaban los rizos igual que un racimo de uvas.

No sé por qué de su cara no me acuerdo: la olvidé con las golosinas servidas en el desayuno; tampoco puse cuidado a la insistencia de sus ojos, pero algo me hace pensar que los tuvo fijos en mí. Sólo me quedó presente la muñequita china, regalo de mi padre, que tenía guardada bajo un capelo como si fuera momia. Le espié las piernas y llevaba calzones con encajitos lila.

Mi tía vuelve y principia la tarde.

La comida es en el corredor. Está lista la mesa; pero a mí nadie me llama.

Cuando mi tío pronuncia la oración de gracias cambia de voz y el latín lo vuelve tartamudo.

—Do do dómine... do do dómine —oigo desde la cocina. Rechino los dientes. Estoy viéndolo desde la ventana. Se adereza siete huevos en medio metro de virote, escoge el mejor filete y del platón de duraznos no deja nada. ¡Quién fuera él!

Siempre dicen que estoy sin hambre porque no quiero el arroz que me da la tía con un caldo rebotado como el agua del pozo. Me consuelo cuando robo teleras y las relleno con píldoras de árnica de las que tiene mi tío en su botiquín.

A las siete comienza el rezo en la parroquia. Mi tía me lleva al ofrecimiento, pero no me admiten las de la Vela Perpetua. Dicen que me faltan zapatos blancos.

Me siento en la banca donde las Hijas de María se acurrucan como las golondrinas en los alambres.

Los acólitos cantan. Llueve y por las claraboyas se mete a rezar la lluvia. Pienso que en el patio se ahogan las hormigas.

Me arrulla el susurro de las Avemarías y casi sin sentirlo pregonan el último misterio. Ése sí me gusta. Las niñas riegan agua florida. La esparcen con un clavel que hace de hisopo y después, en la letanía, ofrecen chisporroteantes pebeteros.

La iglesia se llena de copal y el manto de la Virgen se oscurece. La custodia incendia su estrella de púas y se desbocan las campanillas. Un olor de pino crece en la nave arrobada. Flotan rehiletes de humo.

Arrastro los zapatos detrás de mi tía. Como

sigue la llovizna, los derrito en el agua y dejo mi rencor en el cieno de los charcos.

Cuando regresamos, mi tío anuncia que ha llegado un telegrama. Al fin van a nombrarlo canónigo y me iré con ellos a México.

No oigo más. Me escondo tras el naranjo. Por primera vez pienso en mis padres. Los reconstruyo mientras barnizo de lodo mis rodillas.

Vinieron en Navidad.

Mi padre es hermoso. Más bien esto me lo dijo la tía. Mejor que su figura recuerdo lo que habló con ella:

—Esta pobrecita niña ni siquiera sacó los ojos de la madre.

Y su hermana repuso:

—Es caprichosa y extraña. No pide ni dulces; pero yo la he visto chupar la mesa en donde extiendo el cuero de membrillo. No vive más que en la huerta con la lengua escaldada de granos de tanto comer los dátiles que no se maduran.

Los ojos de mi madre son como un trébol largo donde hubiera caído sol. La sorprendo por los vidrios de la envejecida puerta. Baila frente al espejo y no le tiene miedo al Cristo. Los volantes de su falda rozan los pies ensangrentados. La contemplo con espanto temiendo que caiga lumbre de la cruz. No sucede nada. Su alegría me asusta y sin embargo yo deseo quererla, dormirme en su regazo, preguntarle por qué es mi madre. Pero ella está de prisa. Cuando cesa de bailar sólo tiene ojos para mi padre. Lo besa con estruendo que me daña y yo quiero que muera.

Ante ella mi padre se transforma. Ya no se asemeja al San Lorenzo que gime atormentado en su parrilla. Ahora se parece al arcángel de la sala y hasta puedo imaginarme que haya sido también un niño, porque su frente se aclara y en su boca lleva amor y una sonrisa que la tía Carlota no le conoce.

Ninguno de los dos se acuerda del Cristo que me persigue con sus ojos que nunca se cierran. Los cristales agrandan sus abrazos. Me alejo herida. Al irme escucho la voz de mi madre hablando entre murmullos.

—¿Qué haremos con esta criatura? Heredó todo el ajenjo de tu familia...

Las frases se pierden.

Ya nada de ellos me importa. Paso la tarde cabalgando en el tezontle de la tapia por un camino de tejados, de nubes y tendederos, de gorriones muertos y de hojas amarillas.

En la mañana mis padres se fueron sin despedirse.

Mi tía me llama para la cena. Le digo que tengo frío y me voy derecho a la cama.

Cuando empiezo a dormirme siento que ella pone bajo mi almohada un objeto pequeño. Lo palpo, y me sorprende la muñequita china.

No puedo contenerme, descargo mis sollozos y grito:

—¡A mí nadie me quiere, nunca me ha querido nadie!

El canónigo se turba y mi tía llora enloquecida. Empieza a decirme palabras sin sentido. Hasta perdona que Rosario no sea mi madre.

Me derrumbo sin advertir lo duro de las tablas.

Ella me bendice; luego, de rodillas junto a mi cabecera, empieza habla que habla:

Que tengo los ojos limpios de aquellos malos presagios. Que siempre he sido una niña muy buena, que mi color es de trigo y que hasta los propios ángeles quisieran tener mis manos. Pero por lo que más me quiere es por esa tristeza que me hace igual a mi padre.

Finjo que duermo mientras sus lágrimas caen como alfileres sobre mi cara.

PRUEBA DE INTELIGENCIA

Como me dijeron que en ese Banco intentan cambiar las competentes por las bien trajeadas hoy salí a buscar empleo. Me arreglé como para una fiesta, con el sombrero de las bodas y la capa de piel que me prestó Josefina.

El gerente, encantado con mi figura, me mandó al departamento donde miden la inteligencia. Asustada, esperé que me hicieran preguntas de contabilidad, pero de buenas a primeras me entregaron varios cartones que me recordaron la hora de geometría en mi escuela. Entraría la monja con un rombo lila, el romboide dorado, el exágono azul y tantas figuras improcedentes como no las he vuelto a ver en mi vida fuera de la circunferencia en la naranja. Pronto llegó un empleado y, sin ceremonias, me explicó que el derecho estaba al revés. Les di vuelta y encontré que los cartones presentaban manchas de tinta.

—Determine usted lo que ve en tres minutos.

Con toda mi lentitud miré el reloj y pensé: "¡Ay Dios, tres minutos!" Y perdí uno entero. Volví a la hoja y mi sorpresa fue grande; contemplé una serie de culebras que se hacían ocho, se hacían rosca, cocoles con ajonjolí, cruces con hormigas; y yo no hallaba cómo determinar lo que realmente miraba, pues todo esto se desvanecía para que apareciera una jaula de pericos y un caracol marino.

La tos del empleado me volvió en mí. Dijo que llevaba siete minutos de más. Me arrebató con desprecio la hoja y no aceptó enseñarme las que completaban el examen; estoy segura de que hizo trampa.

Pasamos en seguida a la prueba siguiente. Se trataba de armar un rompecabezas que desordenó con grosería, pero tuve la suerte de que quedara intacto un alón que supuse de águila y forcé a un soldado a volar. Mi error consistió en que no aparecieron las patas. Trajeron después un muestrario de colores preciosos, estrictamente numerados para que él dijera un número y yo mencionara el color; pero las barras estaban tan juntas, y como además me tomó mala voluntad el empleado, cuando él decía:

—¡El uno! ¡El cinco!

Yo, procurando adelantarme miraba el quince e inexplicablemente respondía:

—¡Martes! ¡Jueves! ¡Lotería!

Qué juego más tonto; era mucho mejor el de "Allí va un navío cargado de..." al que nunca pude atinarle tampoco.

Parece que el hombre no estuvo de acuerdo con mi contestación, y volvió en seguida, agresivo, con unos billetes. Me mostró el fajo.

—Son de cinco pesos. ¿Cuánto calcula que hay aquí?

Iba a indicarle que jamás había visto el dinero acomodado, pero me distrajo su boca que chicoteó de oreja a oreja con el imperceptible temblor de la luz fluorescente. Calculé:

—Serán ciento diez...

—¡Trescientos setenta y cinco! —bramó—. ¡Cuéntelos usted!

Tardé bastante porque se agarraban uno con otro; mientras, el individuo se puso como un erizo.

—Son trescientos setenta —dije.

—Se equivoca, son exactamente trescientos ochenta y dos.

—Ah, puede que sí.

Salió y no pude menos de envidiar a aquel hombre tan culto. Para que me estimara un poco, le preparé mi diploma de letra Pálmer que descolgué de la sala. Pero ya no volvió. En su lugar llevó un calvo que posiblemente estuvo loco, porque me preguntó a boca de jarro cuál era el mexicano que me parecía más ilustre entre todos los que han existido. Naturalmente le contesté que Nuestro Señor Jesucristo.

Tal vez fuese judío, pues se disgustó y cambiando de conversación quiso informarse sobre mi artista preferido, sobre los platillos que más me gustan y sobre una serie de preguntas salteadas, como si fuera un amigo íntimo. Por último sacó un cuaderno de taquigrafía que me entregó acompañado de un lápiz inolvidable, con una punta linda, fina como pico de chichicuilote, justa para escribir una poesía.

Supuse que iba a dictarme cuando veo que conecta un aparato con la electricidad; pensé que sería un ventilador porque yo estaba muy acalorada; casi doy un brinco al oír una voz pegajosa venida de no sé dónde, que dice:

—Muy señor mío y amigo...

Como permaneció cerrada la boca del viejo se fue la carta en contemplarlo y en pensar si sería ventrílocuo. Cuando comprendí que la voz venía del aparato embrujado, supliqué la conectara de nuevo. Accedió de mala gana.

Tomé el dictado correctamente. El calvito, sorprendido por mi rapidez, ordenó con dulzura:

—Traduzca, niña.

Aunque los signos estaban perfectos, para mí no significaron nada. Quedaron silenciosos con su figura de tricocéfalos.

Fue una verdadera lástima, pues ya me veía tras de una ventanilla enrejada, con su macetita estilo andaluz y los hombres haciendo cola para decir piropos. Por eso ya solicité al gerente que me permita asistir a una de las rejas, sin goce de sueldo, ¡quién quita y me case!

TIENE LA NOCHE UN ÁRBOL

*Tiene la noche un árbol
con frutos de ámbar...*
José Gorostiza

Frente a la casa de la señorita Silvia los ojos del pequeño Abel, inseparables de la ventana, persiguen al desconocido que espera bajo la lluvia.

Los pasos del extraño van y vienen de la nada a la nada, lentos, desgarbados, sumisos. A veces se detienen, a veces dudan, a veces caen. Su arritmia trastorna a los vecinos: sienten los pasos sobre el corazón.

Desde que apareció, los cinco días ha estado al borde de la casa, con la misma chaqueta roja, con el mismo pantalón ceñido y los mismos zapatos de bailarín. Las mujeres le espían los ojos, demudados, de azufre, la boca inflexible, los ademanes vacíos.

También Abel miró la oscilación de antorcha del hombre, vio cómo sus brazos en alto casi tocaron la luna, la luna que vagaba en el cuarto de Silvia. Silvia, escuálida figura envuelta en una ráfaga, dijo con sus manos desnudas algo como un adiós.

—Lo imaginaste. No. La señorita Silvia...
—Sí, le hizo señales y la vi llorar.

—No digas tonterías.
El reproche materno selló la boca de Abel.

Un hondo repique pone de luto la madrugada. Ruedan murmullos negros por las calles y las horas. Los molinos y las tiendas suspenden sus quehaceres. Ni los jóvenes ni los viejos admiten la noticia infortunada: entre su desdicha y el amo estuvo siempre el suave corazón de Silvia; ella inclinó hacia los pobres el orden y la ley.

En la calle la gruesa campana de la muerte mecía su árida hoz, y el silbato fabril, de barco en naufragio, abría un cortejo de negrura, de bocas angustiadas, de estupor.

Dentro, como jirón de niebla, el padre se dobla en la blancura de la estancia. Los espejos han sido cegados, cubiertas las paredes y canceladas las puertas. Frías rosas, transparentes gardenias, vuelcan su inmaculada, su infecunda debilidad; el ataúd congrega la pureza de lo semejante.

Abel, sin soltar la mano de su madre, buscó entre el gentío al hombre rojo de la noche; en el mismo sitio en donde la ingrávida visión de Silvia dijo adiós, puso sus pies temblorosos y miró en el callejón descolorido la figura escarlata y pensó que si el hombre entrara al cuarto, el féretro, los velos y hasta el ramo de azucenas del pecho de la señorita se teñirían de púrpura.

Pasaron primero las cofradas con el largo columpio del escapulario, en seguida las almas gloriosas con lirios recién cortados, luego los trabajadores, después las señoras acaudaladas y sus hombres poderosos. Al final el ataúd entre crespones. Como si no participara, sola en su esfuerzo, la presencia cabizbaja del desconocido avanzaba lenta y distante.

El sacerdote dijo una oración impotente. Abel temía al cementerio de alas oscuras, a los mármoles jaspeados de siluetas y al fatídico portón que ya no cruzaría la señorita Silvia.

Recargado en un ciprés, ahí estaba el de la chaqueta en llamas, deshecho y firme como un cirio. Escondía su tristeza en las solapas a la altura de los ojos.

Abel vaga en la huerta. Se sienta en el tronco donde ella le enseñaba el catecismo. Ahí están todavía unas hojas de parra desprendidas de alguna ofrenda mortuoria y un gancho de plata perdido en la tierra. Abel se ha olvidado de la noche hundido en melancólica laxitud, en la indolencia de precisos recuerdos.

La verja rechina débilmente, se abre con suavidad para cerrarse de nuevo. Abel siente a la señorita Silvia, adivina la marca de sus pasos y la muselina del traje le roza las rodillas. Cuando abre los ojos ve al hombre del saco rubí, tambaleante, ir a la puerta de la alcoba de Silvia y tratar, torpemente, de abrir con diferentes llaves que resbalan de sus manos sin fuerzas; hasta que al cabo de algunos minutos aparece la vieja sirvienta que le presta ayuda y entra con él.

El miedo de reconocerlo como el mismo que —antes de enfermar la señorita Silvia— llegaba cauteloso siguiendo las señas de la moza lo castigó con audaces sospechas. La última vez que lo vio en la casa estaba manchado de inequívocas acusaciones. Lo imaginó saliendo apresurado sin hacer caso de los gritos de Silvia. Después, dijeron que la habían encontrado desmayada.

Escondido tras del árbol Abel lo oyó sollozar con furor de tigre, y humildemente quiso retirarse.

Salió el hombre y dando tumbos dejó, sólo, el temblor de la puerta.

El pequeño esperó a que se ausentara la criada y regresó a su casa. Nada le contará a su madre.

HISTORIA DE MARIQUITA

Nunca supe por qué nos mudábamos de casa con tanta frecuencia. Siempre nuestra mayor preocupación era establecer a Mariquita. A mi madre la desazonaba tenerla en su pieza; ponerla en el comedor tampoco convenía; dejarla en el sótano suponía molestar los sentimientos de mi padre; y exhibirla en la sala era imposible. Las visitas nos habrían enloquecido a preguntas. Así que, invariablemente, después de pensarlo demasiado, la instalaban en nuestra habitación. Digo "nuestra" porque era de todas. Con Mariquita, allí, dormíamos siete.

Mi papá siempre fue un hombre práctico; había viajado mucho y conocía los camarotes. En ellos se inspiró para idear aquel sistema de literas que economizaba espacio y facilitaba que cada una durmiera en su cama.

Como explico, lo importante era descubrir el lugar de Mariquita. En ocasiones quedaba debajo de una cama, otras en un rincón estratégico; pero la mayoría de las veces la localizábamos arriba del ropero.

Esta situación sólo nos interesaba a las dos mayores; las demás, aún pequeñas, no se preocupaban.

Para mí, disfrutar de su compañía me pareció muy divertido; pero mi hermana Carmelita vivió bajo el terror de esta existencia. Nunca entró sola a la pieza y estoy segura de que fue Mariquita quien la sostuvo tan amarilla; pues, aunque solamente la vio una ocasión, asegura que la perseguía por toda la casa.

Mariquita nació primero; fue nuestra hermana mayor. Yo la conocí cuando llevaba diez años en el agua y me dio mucho trabajo averiguar su historia.

Su pasado es corto, y muy triste: Llegó una mañana con el pulso trémulo y antes de tiempo. Como nadie la esperaba, la cuna estaba fría y hubo que calentarla con botellas calientes; trajeron mantas y cuidaron que la pieza estuviera bien cerrada. Isabel, la que iba a ser su madrina en el bautizo, la vio como una almendra descolorida sobre el tul de sus almohadas. La sintió tan desvalida en aquel cañón de vidrios que sólo por ternura se la escondió en los brazos. Le pronosticó rizos rubios y ojos más azules que la flor del helitropo. Pero la niña era tan sensible y delicada que empezó a morir.

Dicen que mi padre la bautizó rápidamente y que estuvo horas enteras frente a su cunita sin aceptar su muerte. Nadie pudo convencerlo de que debía enterrarla. Llevó su empeño insensato hasta esconderla en aquel pomo de chiles que yo descubrí un día en el ropero, el cual estaba protegido por un envase carmesí de forma tan extraña que el más indiferente se sentía obligado a preguntar de qué se trataba.

Recuerdo que por lo menos una vez al año

papá reponía el líquido del pomo con nueva sustancia de su química exclusiva —imagino sería aguardiente con sosa cáustica—. Este trabajo lo efectuaba emocionado y quizá con el pensamiento de lo bien que estaríamos sus otras hijas en silenciosos frascos de cristal, fuera de tantos peligros como auguraba que encontraríamos en el mundo.

Claro está que el secreto lo guardábamos en familia. Fueron muy raras las personas que llegaron a descubrirlo y ninguna de éstas perduró en nuestra amistad. Al principio se llenaban de estupor, luego se movían llenas de recelo, por último desertaban haciendo comentarios poco agradables acerca de nuestras costumbres. La exclusión fue total cuando una de mis tías contó que mi papá tenía guardado en un estuche de seda el ombligo de una de sus hijas. Era cierto. Ahora yo lo conservo: es pequeño como un caballito de mar y no lo tiro porque a lo mejor me pertenece.

Pasó el tiempo, crecimos todas. Mis padres ya no estaban entre nosotras; pero seguíamos cambiándonos de casa, y empezó a agravarse el problema de la situación de Mariquita.

Alquilamos un señorial caserón en ruinas. Las grietas anunciaban la demolición. Para tapar las bocas que hacían gestos en los cuartos distribuimos pinturas y cuadros sin interesarnos las conveniencias estéticas. Cuando la rajadura era larga como un túnel la cubríamos con algún gobelino en donde las garzas, que nadaban en punto de cruz añil, hubieran podido excursionar por el hondo agujero. Si la grieta era como una cueva, le sobreponíamos un plato fino, un listón o dibujos de flores. Hubo problema con el socavón inferior de la sala; no decidíamos si cubrirlo con un jarrón ming o decorarlo como oportuno nicho o plantarle un pirograbado japonés.

Un mustio corredor que se metía a los cuartos encuadraba la fuente de nuestro palacio. Con justo delirio de grandeza dimos una mano de polvo de mármol al desahuciado cemento de la pila, que no quedó ni de pórfido ni de jaspe, sino de ruin y altisonante barro. En la parte de atrás, donde otros hubieran puesto gallinas, hicimos un jardín a la americana, con su pasto, su pérgola verde y gran variedad de enredaderas, rosales y cuanto nos permitiera desfogar nuestro complejo residencial.

La casa se veía muy alegre; pero así y todo había duendes. En los excepcionales minutos de silencio ocurrían derrumbes innecesarios, sorprendentes baileteos de candiles y paredes, o inocentes quebraderos de trastos y cristales. Las primeras veces revisábamos minuciosamente los cuartos, después nos fuimos acostumbrando, y cuando se repetían estos dislates no hacíamos caso.

Las sirvientas inventaron que la culpable era la niña que escondíamos en el ropero: que en las noches su fantasma recorría el vecindario. Corrió la voz y el compromiso de las explicaciones; como todas éramos solteras con bastante buena reputación se puso el caso muy difícil. Fueron tantas las habladurías que la única decente resultó ser la niña del bote a la que siquiera no levantaron calumnias.

Para enterrarla se necesitaba un acta de defunción que ningún médico quiso extender. Mientras tanto la criatura, que llevaba tres años sin cambio de agua, se había sentado en el fondo del frasco definitivamente aburrida. El líquido amarillento le enturbiaba el paisaje.

Decidimos enterrarla en el jardín. Señalamos su tumba con una aureola de mastuerzos y una pequeña cruz como si se tratara de un canario.

Ahora hemos vuelto a mudarnos y no puedo olvidar el prado que encarcela su cuerpecito. Me preocupa saber si existe alguien que cuide el verde Limbo donde habita y si en las tardes todavía la arrullan las palomas.

Cuando contemplo el entrañable estuche que la guardó veinte años, se me nubla el corazón de nostalgia como el de aquellos que conservan una jaula vacía; se me agolpan las tristezas que viví frente a su sueño; reconstruyo mi soledad y descubro que esta niña ligó mi infancia a su muda compañía.

EL SAPO

Cayó del tejado con un golpe seco. Quedó silencioso sobre la hierba, igual que una mano rugosa cargada de fatiga.

De pronto ensayó volar: elevóse y giró sobre sí mismo sin avanzar ni un milímetro. Su salto resonó en el campo como una bofetada. El paisaje estuvo fijo mientras el viento descendía rasurando la montaña.

Sobre la soledad del llano golpeó de nuevo, azotó su corazón contra el musgo y, así, repitió su martilleo hasta alcanzar el río.

Allí, en la transparencia huidiza, su fealdad sin consuelo se duplicó:

El vientre lechoso rebasaba los litorales de su cuerpo, la piel terrosa y agrietada, los párpados de lona y el miedo permanente que le fingía un minutero en la cavidad del pecho. Sus ancas desvalidas ensayaron otra vez el vuelo.

Resbaló pesadamente de piedra en piedra; sólo le distinguía de los cantos rodados el temblor incontenible de la garganta. Su boca desdentada amenazó un grito en el silencio.

Jilgueros de vidrio alborotan el agua.

Él conoce a la chiquillería de piernas de carrizo tostadas al aire. Las manos morenas remueven los guijarros. Buscan arenas brillantes, juntan esferas de altíncar, piedrecitas de marfil, diminutas partículas de cuarzo.

Se apiñan en parvada. El más pequeño da la voz de alarma:

—¡Vengan a mirar!, parece una piedra con ojos.

—No es una rana —dice otro.

—Tampoco es un pez.

—¡Qué horrible, esto es un sapo! Yo lo coconozco, es traidor, es venenoso; si se enfurece puede estallar y cegarnos con la lumbre que le hace brincar el pecho.

—Busquemos una espada —gritan a coro.

—No quiero que le hagan daño —ruega el que habló primero.

—Veremos si se hincha igual que la vela de un barco.

—¡Yo lo vi primero; quiero guardarlo en una caja! —suplica otra vez el pequeño.

—Retírate! —le ordenan—. No sabemos si vuela, si se eleva hasta la torre o sube la montaña y llega más allá de los cedrales.

—A lo mejor conoce el mar...

—¡Quiero ver cómo respira, quiero ver cómo es un sapo! —exige el chico serpenteando entre las piernas de los compañeros.

Primero le lanzan puñados de arena, luego trompos, después porciones de lodo. Piedras, varas y ramas crecen en las manitas crueles. A los niños les divierte verle la saliva nacarada, el estertor de su pecho y la convulsión del vientre que lentamente se dilata.

El sapo entreabre los ojos asombrado.

La curiosidad los estrecha, forman un manojo de caireles inmóviles, una nube de inconscientes aves de rapiña.

A cada uno le interesa descubrirle la muerte.

—¡Vean cómo tiembla!

—Mírenle los ojos, se le han llenado de chispas amarillas.

—Tiene orejas diminutas de murciélago.

—Su aliento es fétido como el zumo del coyol.

—Y su boca es tan grande que podría beberse el aire que sopla en los remolinos.

—Todavía puede vivir si lo dejan que descanse —implora siempre el menor.

Pero replican:

—Esperen. Ya mero revienta.

Y el grupo se afana por la intensidad del espectáculo.

Gritan para borrarse el sobresalto; intentan confundir con voces el remordimiento. Pero cuando el animal estalla y ven la piltrafa desvaída que se achica bajo el sol, enmudecen. Luego, los pequeños se echan a llorar azorados y saborean su primera tristeza.

EL CORREO

Guadalajara, Jal., 28 de diciembre de 1940.

Mando esta carta y temo que no llegue, porque francamente el Correo... ¡El Correo! Podría hablar durante horas enteras de él.

¡Qué cosa más necia es un Correo! Jamás ha habido verdadera necesidad de enviar una carta. ¿Por qué no lo cancelan y dejan sólo el Telégrafo..., o nada? A mí ni falta me hace. Eternamente hay algo que corregir cuando ya el recado se fue y, además, siempre se olvida alguna cosa.

¡Y comprar los sellos! Una cola larga en la ventanilla, mientras los pies echan raíces, cuerda de presidiarios conformes en pagar la condena. En esa caravana de confesionario en viernes primero, cuando una llega al tercer lugar, principia a darse cuenta del misterioso susurro en la ventanilla. Poco a poco se entera de la dificultad que el de adelante tiene con el sordo de la reja, y siente la intranquilidad del contrabandista de medias en la aduana. Nos llena de sobresalto cavilar en las tantas preguntas que le hace al de turno. Mentalmente una se dice: "¿Huellas digitales?, ¿edad?, ¿acta de nacimiento?, ¿historia patológica de los padres?, ¿vida honesta?"

La sorpresa más grande ocurre cuando al fin hay que encararse al extraño juez sordo y octogenario que tiene la consigna de no morir. El hombre te mira con un ojo de gancho que ensarta hasta el zapato, te arrebata la carta como si le perteneciera, y en un rito especial, la sopesa como se sopesa un pollo, y le cala la pechuga por si está de su gusto; y dice luego, no muy seguro: "Creo que necesita una de a veinte, otra de a dos y seis de la mosca." Te entrega un reguero de confeti, porque sólo hay de a centavo. Perplejo, el comprador no sabe cómo colocar el rompecabezas: porque está la de la mosca, la del paludismo, la aftosa, el alacrán de Durango, los héroes; y si es para el Distrito Federal, las de algún damnificado. Y todo para que al destinatario le cobren 27 centavos de multa porque no estuvo correcto el porte. Una vez quise un timbre de entrega inmediata. Quedó mi carta igual que un parkasé donde no había lugar sano ni para jugar "un gato"; puse los sellos formando cocoles y quedó muy bonita, aunque en tal forma tapizada que debe haber desaparecido la dirección; pues esta carta no llegó.

¿Por qué no enviarlas mejor con las palomas o, para ser modernos, con las chuparrosas que encarnan el principio del helicóptero? ¡Pobrecita chuparrosita! Es el único animal que tiene que comer y trabajar al mismo tiempo. ¿Te das cuenta? ¡Qué desgracia tan grande estar conectada como un ventilador eléctrico mientras se almuerza! Además, es el único animal que muere de muerte repentina. Si se le olvida volar... ¡pum!, se suicida. No corre gran peligro si está sorbiendo violeta; pero si se le ocurre meter su cucharón en la alta mermelada del tulipán, entonces se abate de un rascacielos.

Hablábamos del Correo: ¡Qué problema buscar el agujero del buzón! ¿Ya hablé de eso? Yo veo a la gente que se agacha intrigadísima buscándose algo en las piernas, igual que cuando se le va a una el hilo de las medias y no se halla la rotura. Nunca encuentro la rendija, ni mucho menos he podido comprender los tres letreros: INTERIOR, EXTERIOR y EXTEMPORÁNEO. No coinciden con la rendija, porque los colocan muy alto, y no siempre llevo plomada. Lo resuelvo diciendo: "De tín, marín, de dó pingüe, cúcara, mácara..." Es inútil: la pequeña cortina de hierro cae, y jamás sé si la carta la llevan al extranjero o la mandan a la Universidad de Neocalpan (o Naucalpan). Luego se siente alivio pensando: "¡Bueno, aunque no la reciban!"

Cuando la carta se va, queda allí, dormida, indefensa, con su sello húmedo como un párpado. Es un poco de nosotros mismos, y hay una cosa recóndita de ternura al pensar: "¡Pobrecita! Mejor la hubiera llevado conmigo, porque al fin era mía."

Siempre sobran estampillas. Sirven mucho cuando se rompen las uñas y no se tiene tela adhesiva; las recomiendo a mis amigas; las de a centavo tienen tan buena goma como las de a tostón y magnífica para la tos. Mi abuela decía: "No chupes los sellos, niña, porque los hacen con resina de tuberculosos". Siento el exquisito sabor, unido a la emoción del peligro, como si me subiera a un avión pequeño. La gente culta y precavida ha inventado las horribles esponjas, pero ¡no hay como la lengua!

Enviar una carta presenta las dificultades que he descrito. ¡Pero recibirla...! Eso es peor. La echo en mi bolsa y a veces duerme allí hasta que se pierde. ¡Mejor! Entonces descanso. Y si llego a abrirla, leo el encabezado y el final. Lo demás nunca importa.

Tampoco esta carta va a llegar, aunque la haya escrito para mí; por si no llegara, me he quedado con una copia.

Besitos, querida,
MECHE
Yo mera

EL MORIBUNDO

Inoportunos como el granizo llegaron una madrugada cuando todo dormía. Sus rostros llovidos, tristes, tal vez sollozantes. Arrastraban los pies penosamente. Traían velices inflados como vientres de yegua, y cajetas enjauladas en mecates bugambilia. Las varas con limas, entre sus manos, semejaban resplandecientes cirios fúnebres.

Eran viejos amigos de mis padres y aparecían siempre así. Mi madre se apresuraba a instalarlos en la mejor alcoba, con dulzura incomprensible. Nunca supe por qué se alegraba tanto de que invadieran la casa.

Pero esta vez, misteriosamente esquivos, se encerraron con mis padres sin oír las palabras de bienvenida y sin dar importancia a mis diez años que, golosos, siquiera esperaban una lima.

Una quietud súbita se adueñó de la casa; después, sólo por un instante, escuché el llanto de mi madre. En seguida el silencio afilado y largo entre los hilos de agua que seguían cayendo.

Las nubes desenredaban madejas grises infinitas. De tanto esperar me quedé dormida. La voz de mi padre estalló sobre aquellos rostros que yo no podía ver:

—¡Él se quedará aquí, pase lo que pase! ¡Sea lo que Dios quiera!

Entraron en mi pieza goteando todavía y con gran desconsuelo. La viejecita alta y solemne. El hijo predilecto la seguía con un andar de vencido que no tuvo nunca y los ojos huían tras de sus pestañas, igual que un lobo atrapado entre rejas. No más vigoroso, ni alto, ni reidor. Se derrumbó de golpe con pena oculta.

Su hermana Asunción entró tras él con su mueca de monja sin virtud: ya no cabía en el mundo ni soportaba más el convento. Después Samuel, el idiota, húmedo e inseguro, que buscaba en los armarios como si en ellos pudiera hallar algo que le perteneciera. Grotesco con su repugnante hilo de baba.

Eran muy ricos, aunque a mí nunca me lo parecieron. Contaban que su abuelo ponía al sol chiquihuites llenos de oro que un día enterró y nadie, jamás, supo dónde.

El tonto siempre me asustaba. Lo vi azotarse, igual que una sanguijuela, en un ataque epiléptico. Echó abajo las cortinas en el afán de detenerse y luego se quedó quieto en medio del mosaico, tirado y abierto como un gran murciélago. En la boca tenía espuma como algodón espeso; aún hoy lo veo, aunque cierre los ojos.

La hermana era una monja que nunca vi en el convento. Siempre estaba por irse, pero se fue quedando. Se ocupaba de cosas inútiles aprendidas en el claustro: martirizar el piano, pintar acuarelas, confeccionar deprimentes ramos de papel crepé, construir cajitas en repujado y hacer cojines de raso con siluetas de terciopelo rociadas de chaquira, para repartirlos en la sala junto a la tortuga seca. Cantaba los misterios en la Parroquia Mayor con voz tajante, y tenía posibilidades de rencor incalculables. Cuando yo la conocí llevaba seis meses de no hablar a su madre y tres años de no mirar al hermano bondadoso e inteligente. Acaso le envidió la belleza del alma, la pulcritud del cuerpo, o quizá evitó quererlo porque supo acaparar la alegría.

Él estaba enamorado de una muchacha linda que le escribía de muy lejos. Conmigo leía sus cartas. Fui su preferida. Celebró mis travesuras, soportó mis caprichos y prometió llevarme a conocer Europa; pero esta vez ya no era el de siempre.

Mamá me vio llorando y explicó: traían una pena muy grande. Él había ayudado a los "cristeros". Encontraron en su bodega un arsenal completo y lo apresaron. Tres meses estuvo en las mazmorras de Morelia junto con otros reos. Allí los inocularon de tuberculosis. Él vio desangrarse a sus compañeros mientras el mal le consumía la garganta y le dejaba una costra de nieve estrangulante. Desde antes de huir supo que no existía remedio; como a un árbol nuevo un incendio de larvas, así lo invadió el mal. Su frente fue abultándose y una fiebre obstinada se le prendió a los ojos.

Cuando se fugó de la cárcel, deseoso de morir entre los suyos, pasó quince días entre coyotes, comió raíces, y descalzo llegó hasta Yurécuaro. De allí vino a México a refugiarse en mi casa para esperar la muerte, la que llevaba consigo, y que roía sus tejidos minuto a minuto.

En el instante que vi a mamá separar sus cubiertos y su ropa para evitarnos el contagio me eché en brazos de mi amigo, lo besé y le di a entender que yo no sentía miedo ni asco. Él me rechazó conmovido y tuvo una sonrisa triste para mi ternura exagerada.

Desde ese día lo acompañé todas las tardes.

Los mejores médicos entraron en su pieza; meses y meses de torturas, análisis y opiniones. No quedó un poro de su cuerpo que no fuera martirizado. Todo inútil; su sangre escapaba sin cesar, sus mejillas tenían el color de las jícamas, los ojos se le volvieron espantosamente grandes y él llenaba la agonía desmenuzando cada una de sus horas.

La novia dejó de escribirle, pero él jamás hizo comentarios.

Lo vi desprenderse de todo arraigo humano con ardiente serenidad que me helaba, y llegó un momento en que fue tan ajeno a este mundo que disculpó el silencio empecinado de su hermana.

Conversaba conmigo y me hacía creer que para él la vida era buena. Sólo se volvía duro cuando su madre sollozaba sobre su muerte inacabable. Entonces hablaba de lástima y cobardía y con voz seca ordenaba callar a la viejecita.

Yo nunca creí que moriría. Durante el año que el mismo techo fue suyo y mío me acostumbré a sus gravedades como a hechos sin peligro y supuse que a juventud tan entera no alcanzaría la muerte. Pero un día, el día que siempre llega, hubo junta de médicos por enésima vez; alguno propuso matarlo como algo justo y piadoso. Mi enfermo que ya no podía ni palidecer, con sonrisa bondadosa, dijo que aceptaba tal muerte si el confesor lo absolvía. El sacerdote habló de crimen y rechazó rotundo la solución nefasta. Encogiéndose de hombros el doctor lo abandonó a su tormento.

Él era un bosque encendido que se extinguía leño por leño.

No me di cuenta cabal del drama de aquel hombre. Vivía de lo que él me inventó. Sería bella, dichosa, libre. Construyó mi futuro en vaticinios que no se realizaron. La felicidad no llegó nunca, pero el moribundo la pintó con pinceladas arrebatadoras, porque tenía la eficaz esperanza de realizarse en lo eterno.

El día de su partida fue para mí un dolor que sólo podrá superar el de mi muerte.

Esa semana me reprendieron y él no estuvo de mi parte. Me vengué no visitándolo. Canturreaba por mi pieza para que me oyera. Pared por medio escuché su respiración anhelosa como un estertor anticipado. Durante la noche su fatiga penetraba por mi cuarto y tuve la crueldad de no llamarlo.

La tarde irremediable llegué de la escuela al punto en que el Viático era llevado urgentemente. Le pusieron los Santos Óleos en unos pies que ya caminaban por el cielo. Miré sus ojos del todo entristecidos y, cuando su voz de siempre me aseguró que le había negado la última semana de consuelo, enloquecida, me abracé a su cuerpo; pero más fuerte que mi piedad, fue el horror que el hielo de su carne me produjo. Me separé al instante. Él se dio cuenta y explicó tranquilo:

—El frío llega ya a mis rodillas; pero toca mis manos, todavía tienen algo de vida.

Su madre me rogó que saliera; no le hice el menor caso. Puse mi boca sobre la cara del moribundo y estuve rezando oraciones amargas que antes no supe. Él las fue repitiendo.

No hubo poder que me arrancara de su cabecera, estuve allí mientras moría. Claramente dijo que me esperaba en el cielo. Mi padre me arrastró al corredor y entonces vi que Asunción, la del rencor sin medida, la que nunca quiso olvidar, vomitaba la soberbia de su alma en un infierno de gritos. Me uní a su amor tardío, a sus alaridos de perdón que la muerte sellaría bajo el mármol.

LA ARAÑA

Desde su trapecio de átomos se desploma irónica y perversa. Su negra pupila descubre abismos transparentes en los espejos de mi alcoba.

Con su ojo alerta, en su atalaya de viento, acecha mis insomnios, y sorprende la derrota de mi rostro sin máscara, fláccido y vencido. Atisba en lo más hondo del silencio. Se sabe mi cuerpo y el hastío de mis manos. Me adivina rebelde como las lianas y cautiva como los árboles.

Cuando en largo sollozo me tiendo sobre las sábanas ácidas cae al ras de mi carne y goza con mi vigilia.

Luego estira sus piernas lacias, cabellos húmedos, y en las paredes ronda perseguida por mi angustia.

La miro en el rostro del tiempo.

Me observa desde la telaraña nocturna; su pupila me acusa y me condena. Y no la disuelve ni mi caudal de vanidades ni mi pozo de soberbia, ni siquiera el estruendo luminoso del día.

Yo sé que me vigila y la busco por los muros de la noche, en los vértices de sombra. Mientras vaga en los espejos mi desnudez desamparada y en mis entrañas secas anida la fatiga, su pupila me descubre y me afrenta con su risa: risa de la congoja de mis latidos de plomo, sola como mi lecho, sola con mis palabras.

Sé que me presiente y sé que por la altura de la noche me espera. Si duermo, danza sobre mi frente, su ojo sobre mi ojo. Se pasea por mi espalda enredando mi pelo con su aventura emponzoñada.

¡No quiero que la toquen! Que la dejen en mis muros, que la dejen en mi cuarto, en mi tumba de sábanas blancas y lunas encadenadas. La conozco y me uno a su vaivén de péndulo y a su morir hipócrita. Que nadie piense en quitarle su telaraña de ecos, su hamaca sobre el vacío.

AL ROCE DE LA SOMBRA

Raquel conectó la luz y se sentó en la cama... Si el aroma saturado en el lino, si la música obsesiva, si los trajes de otro mundo desaparecieran, y si consiguiera dormir; pero la nitidez de la imagen de las dos mujeres aumentaba al roce de la sombra con su cuerpo y el sudor y el espanto la hundían en el profundo insomnio.

El candil hacía ruidos pequeños y finos semejantes al tono con que hablaba la mayor de las señoritas; el ropero veneciano, con su puñado de lunas, tenía algo del ir y venir y del multiplicarse de las dos hermanas; también las luidas y costosas alfombras eran comparables a sus almas.

Volvió a sentir el bamboleo del tren y oyó el silbido de la máquina en la curva pronunciada. Hostil fue la noche en la banca del vagón de segunda, desvencijado y pestilente. Contempló la herradura quebradiza y trepidante de los furgones: carros abiertos con ganado, plataformas con madera, la flecha fatigada y el chacuaco espeso y asfixiante.

El nombre de las Moncadas cayó en su vida como tintineo de joyas. El compañero de viaje parecía un narrador de cuentos y las principescas Moncadas le adornaban los labios y resultaban deslumbrantes como carrozas, como palacios.

—Dentro de dos horas estaremos en San Martín. Es lamentable que a usted, tan jovencita, la hayan destinado a ese sitio. Lo conozco de punta a punta. No hay nada que ver. Todo el pueblo huele a establo, a garambullos y a leche agria. De ahí son esas moscas obesas que viajan por toda la República. La gente no es simpática. Lo único interesante es conocer a las de Moncada —frotó sus mejillas enjutas como hojas de otoño.

En el duermevela las dos mujeres aparecían, se esfumaban.

—Traigo una carta de presentación para esas señoras, de la madre Isabel, la directora del hospicio, con la esperanza de que me reciban en su casa.

—Señoritas, no señoras... quién sabe si la acepten, no se interesan por nadie —como si estuviera nada más frente a sus recuerdos, añadió—: Son esquivas, secretas, un bibelot. Conservan una finca, amueblada por un artista italiano, con muchas alcobas y jardines. Se educaron en París porque su madre era francesa. El señor de Moncada se instaló allá con sus dos hijas adolescentes. Se dignaba volver muy de tarde en tarde a dar fiestas como dux veneciano. Sin embargo —murmuró—, yo jugaba con las niñas. (Raquel prefería que su compañero fuera invención del monótono trotar sobre el camino del desvelo.) Hace quince años regresaron de París, huérfanas, solas, viejas y arruinadas; bueno, arruinadas al estilo de los ricos. (El París de las tarjetas postales, los cafés de las aceras, las buhardillas, pintores; zahurdas donde los franceses engañan a los cerdos obligándolos a sacar unas raíces que luego les arrebatan del hocico y que tienen nombre extraño como de pez o de marca de automóvil: trifa, trefa, no, trufa. Nunca las había probado. Seguramente eran opalinas gotas de nieve...) En el pueblo, su orgulloso aislamiento les parece un lujo. Tenerlas de vecinas envanece. Salen rara vez y ataviadas como emperatrices caminan por subterráneos de silencio. La gente gusta verlas bajar de la anticuada limosina, hechas fragancia, para asistir a los rezos. ("Ropas fragrantes". Raquel se vio en el vaho de la ventanilla con una gola de tul y encaje sobre un chaquetín de terciopelo y se vio calzada de raso con grandes hebillas de piedras... pero si sólo hubiera podido comprar el modesto traje que antes de partir admiró en el escaparate de una tienda de saldos.) Los pueblerinos alargan el paseo del domingo hasta la casa de la hacienda con la esperanza de sorprender, de lejos, por los balcones abiertos de par en par, sólo este día, el delicado perfil de alguna de ellas o, al menos, el Cristo de jade o los jarrones de Sèvres.

A ella se le ocurrían multitud de lacayos en el servicio y no la extravagancia de tener únicamente dos criados.

La locuacidad del viajero la adormiló con detrimento del relato.

—En las mañanas asisten a misa, pero después nadie consigue verlas. Reciben los alimentos, en la finca, por la puerta apenas entreabierta. Yo sé que secretamente pasean por los campos bardados, en la invasión de yerba y carrizales. A veces prefieren las márgenes del río que zigzaguea hasta la capilla olvidada. (El musgo y la maleza asfixian el emplomado, las ramas trepan por la espalda de Santa Mónica y anudan sus brazos polvorientos. La antigua estatua de San Agustín es un fantasma de tierra hundido hasta las rodillas. Las hojas se acumulan sobre el altar ruinoso.) Raquel siempre tuvo miedo de los santos.

—La torre sin campanas sirve de refugio a las apipiscas que caen como lluvia a las seis de la tarde. ¿Las conoce, niña?... Son la mitad de una golondrina. (Retozan con algarabía que se oye hasta la finca; forman escuadras, flechas, anclas, y luego se desploman por millares en la claraboya insaciable.)

—Cada amanecer las despierta el silbido de la llegada de este tren. (El tren pasaba por un puente, el émbolo iba arrastrándose hasta el fondo del barranco, hasta aquellas yerbas que ella deseó pisar con pies desnudos. ¡Qué ganas de ir más lejos, allá, donde un buey descarriado! ¡Qué gusto bañarse en la mancha añil que la lluvia olvidó en el campo! ¡Qué desconsuelo por la temida escuela!)

—¿A qué hora me dijo que llegaríamos a San Martín?

El viajero ante la perspectiva del silencio ya no dejó de hablar.

—Falta todavía un buen trecho... Me gustaba observarlas; a las siete en punto atraviesan el atrio de la parroquia con las blondas al aire, indistintas como dos mortajas. El eco de sus pasos asciende en el silencio de la nave y el idéntico murmullo de sus faldas, que se saben de memoria todos los fieles, cruza oloroso a retama. En la felpa abullonada de sus reclinatorios permanecen con la quietud de los sauces, y su piedad uniforme las muestra más exactas. Quizás el ámbar estancado en sus mejillas y el azul inexorable de los ojos llena de asombro a las devotas. Cuando termina el oficio salen de la iglesia y la altivez de su porte detiene las sonrisas y congela los saludos. Pero ellas esconden el miedo tras el desdén de sus párpados.

Cuando el hombre, como si quisiera impedir un pensamiento, se pasó la mano por la cara y taciturno miró a la ventanilla, Raquel necesitó su plática, su monólogo. Un chirrido de hierros y el tren frenó en una estación destartalada. En poco tiempo arrancó desapacible por su camino de piedras.

—El próximo poblado es San Martín.

Raquel, enternecida por el compañero que huiría con el paisaje, quiso apegarse a él, como a la monjita Remedios que copiaba el amor de madre para las niñas del hospicio. Espantada naufragó en la mano del hombre:

—Falta muy poco para San Martín.

El viajero extrañó su impulso.

—¿Qué prisa tiene por llegar a ese pueblo dejado de la mano de Dios?

—Tengo miedo.

—¿De qué, niña? A lo mejor las señoritas de Moncada la reciben afables. Seguro que la querrán. Una maestra es mucho para estos ignorantes.

—No sé, no es eso, nunca he vivido sola. En el hospicio éramos cientos.

—Estamos llegando; estas milpas ya son del pueblo.

Raquel le miró el rostro y en los ojos del hombre algo faltaba por decir...

Apagó la lámpara y cerró los ojos. Poco antes de amanecer la sobresaltaron ruidos vagos, movimientos borrosos fuera de la puerta, como de seres inmateriales, de espuma, que trajinaran extravagantemente en el corredor y en el pozo.

Quizás fuera nada, pero se incorporó: oyó un roce de sedas y un crujir de volantes sobre el mosaico. Los espejos reflejaron la misma estrella asomada a la vidriera. Encendió de nuevo. Todo el melancólico fausto de la alcoba antigua se le reveló con la sorpresa de siempre. Aquella suntuosidad la embriagaba hasta hacerle daño. Se sabía oscura y sin nombre, una intrusa en medio de este esplendor, como si el aire polvoso del pueblo se hubiera colado en la opulencia de los cristales de Bohemia.

Sí; ella pertenecía más al arroyo que a los damascos ondulantes sobre su lecho.

Le dolía haber sorprendido a las ancianas, peor que desnudas, en el secreto de sus almas.

¿Por qué avanzaron los minutos? Las dos viejas ardían en sus pupilas felices y aterradas. Remiró sus escotes sin edad, sus omoplatos salientes de cabalgaduras, su espantable espanto.

La fatiga la columpiaba y la dejaba caer y lloró como se llora sobre los muertos. Recordó la mariposa de azufre luminoso y círculos color de relámpago que entre crisálidas, de una especie extinguida, guardaba la madre Isabel en caja de vidrio. En sus manos veía el polvo de las larvas infecundas, de ceniza, como ella, con su atado de libros y su corazón tembloroso.

Al principio las de Moncada la miraron despectivas y la rozaron apenas con sus dedos blanquísimos. Ella sintió la culpa de ser fea. Con qué reprobación miraron el traje negro que enfundaba su delgadez, cómo condenaron sus piernas de pájaro presas en medias de algodón y cuánto le hicieron sentir la timidez opaca de su mano tendida. Ante el desdén quiso tartamudear una excusa por su miseria y estuvo a punto de alejarse; pero las encopetadas la detuvieron al leer la firma de la reverenda madre Isabel, compañera de estudios en el colegio de Lille. Empezaron a discutir en francés; alargaban los hocicos como para silbar, remolían los sonidos en un siseo de abejas y las bocas empequeñecidas seguían la forma del llanto. Entonces la miraron como si hubieran recibido un regalo y empezó para Raquel la existencia de guardarropas de cuatro lunas y más espejos sobre tocadores revestidos de brocado que proyectaban al infinito su cuerpecillo enclenque. Palpó las cosas como ciega, acarició las felpas con sus mejillas, le fascinaron los doseles tachonados de plata como el de la Virgen María; se sujetaba las manos para no romper las figuras de porcelana en nichos y repisas. Las colchas, con monogramas y flores indescifrables, repetidas en los cojines tenían la pompa de los estandartes. Cuando recorrió voluptuosamente las cortinas, crujió la seda como si sus manos estuvieran llenas de astillas. ¡Qué rara se vio con su camisón de siempre y sus pies de cuervo fijos en la alfombra de suavidad de carne! Sus huellas, húmedas y temerosas, las borró con la punta de los dedos. Guardó su gabardina, sus tres blusas almidonadas, su refajo a cuadros y el único vestido de raso. Ahora, su ropero ostentaba el lujo de trajes que ella aceptó preguntándose cuánto duraría aquel sueño. De los viejos baúles salieron encajes, cachemiras y gasas en homenaje inmisericorde. Con alboroto de criaturas, las de Moncada la protegían y abrumaban con su incansable afecto.

No era el polvo del sol sobre el mantel calado, ni los panes diminutos envueltos en la servilleta, ni la compota de manzana, ni siquiera el ramo de mastuerzos, lo que instigaba su llanto: era la ternura de las viejas irreales, su descubierto oficio de amor.

Perdían horas con sus macetas, cuidaban cada flor como si fuera la carita de un niño. Cubrían los altos muros de enredaderas con el mismo entusiasmo con que labraban sus manteles.

El pozo lo cubrieron con gruesa tarima y sobre la superficie pulida colocaron un San José de piedra y jarrones con begonias. En compañía del santo se sentaban a coser por las tardes.

Conversaban tan quedo como si estuvieran siempre dentro de una iglesia.

Refugiadas en altiva reserva, envueltas en su propia noche, su mundo era el coloquio de sus dos soledades... Y de pronto hay asueto en la escuela y el destino espera a Raquel en la sala deslumbrante, para marcarla, para deshacerla en horas de vergüenza.

Con qué rabia, con qué inclemente estupor, las señoritas cayeron del sofá cuando miraron a Raquel detrás de las cortinas. Como si hubiera estado previsto, sin palabras, ni explicaciones, ni ofensas, ya la habían sentenciado.

El acuerdo fulguraba en sus ojos.

Las notas inverosímiles la enlazaron por los escaloncillos, hasta donde ella no conocía porque siempre halló el muro de la puerta, ahora derribado. Dentro, el estrafalario rito.

Revuelto con la luz fría de la tarde el esplendor vinoso de candelabros y lámparas escurría sobre el mármol de las paredes, sobre el relieve de los frisos, sobre el vidrio labrado de las ventanas, sobre tibores, rinconeras y estatuas, sobre gobelinos de hilos de oro. Raquel contemplaba la riqueza a torrentes mientras romanzas y mazurcas la embriagaban. La pianola se abría en escándalos de ritmos antiguos.

En un entredós, soberbias y tenues, Monina

y la Nena se transfiguraban de sobrias y adustas en mundanas y estridentes. El regodeo y la afectación con que hablaban venía en asco a los inseparables ojos de la profesora. Cuando se levantó la Nena para ofrecer de lo que comían a huéspedes invisibles: "Por favor, Execelencia", "Le suplico, Condesa", "Barón, yo le encarezco", triunfó la seducción de las alhajas.

Empezaba el boato de la Nena un cintillo de oro y rubíes que recogía el pelo entrelazándolo con hileras de brillantes; seguía la espiral de perlas en el cuello y, sobre el simulacro del traje de vestal, muselina azul, cintilaba una banda igual que la corona; terminaba el atuendo el bordado de las sandalias con canutillo de plata y cabujones transparentes. Anillos y arracadas detenían la luz. Más alta y espectral era dentro de su riqueza; más secos sus labios, más enjutas las mejillas, menos limpios los ojos.

Sólo el brillo de los diamantes en el terciopelo negro con bordados de seda y los guantes recamados, sostenían la presencia de Monina; ni cara ni cuerpo, discernibles.

La voz rechinaba sin deseo de respuesta, dolorida, incansable. Y la risa, como espuma de cieno, latía sin cesar. La Nena bailaba sosteniéndose en el hombro de imaginario compañero, hablando siempre, y Monina, en su asiento, reía por encima de la música, por encima del monólogo dominante. No eran el volumen, ni la estridencia, ni la tenacidad, lo perverso, sino lo viscoso de marchitas tentaciones, de ausencias cómplices. Reía Monina de la aridez de la Nena, de su estuche de fantasmas, de su cortejo de ficciones. Hablaba la Nena para adherirse a la existencia de su hermana, para que riera Monina, para que cada una, con la otra, ahondara la fosa de la compañera.

La música derretida y espesa del catafalco se mezclaba a los gritos de la Nena:

*Notre-Dame est bien vieille; on la verra peut-être
Enterrer cependant Paris qu'elle a vu naître.
Mais, dans quelques mille ans, le temps fera broncher;*

sin dejar de reír Monina empezó murmurando y luego alcanzó el tono de la hermana:

*Comme un loup fait un bœuf, cette carcasse lourde,
Tordra ses nerfs de fer, et puis d'une dent lourde
Rongera tristement ses vieux os de rocher.*

La Nena fue a besarla recitando, para que bailara con ella. Consiguió que asida de las manos accediera a girar y que a coro terminaran el poema.

*Bien des hommes de tous les pays de la terre
Viendront pour contempler cette ruine austère,
Rêveurs, et relisant le livre de Victor...
—Alors ils croiront voir la vieille basilique,
Toute ainsi qu'elle était puissante et magnifique,
Se lever devant eux comme l'ombre d'un mort!*

Cayeron sobre una otomana acezantes y jubilosas.

Inmensa ternura sacudió el corazón de Raquel rebosante de lágrimas. Deseaba comprenderlas y justificarlas, pues ella misma, ahora, se creía una princesa cuidada por dos reinas; pero se resistía a verlas enloquecidas en el vértigo del sueño, miserables en el hondón de su pasado. Las quería silenciosas, con ese moverse de palomas en un mundo aparte y la atemorizaba el aniquilamiento que les causaría su imprudencia. No podría volver de nuevo a la soledad y a la pobreza.

En la dureza de la fiebre las raíces sañudas del frío hendían estremecimientos y sollozos. Raquel reptaba hasta la frescura de los cojines y oprimía su cabeza incoherente. En el jaspe de los tapices, en la greca de las cornisas veía a las dos mujeres, con sobresalto dañino, llorar rencoroso desprecio. Jamás habrían de perdonarla.

Se vistió de prisa y expectante fue al comedor, pero los manjares, la vajilla, la lujosa mantelería de la mesa del desayuno, le desgarraron la esperanza. Entre tanta riqueza los tres cubiertos eran briznas en un océano de oro.

Antecedidas por el mozo de filipina con alamares entraron las dos Moncadas soberbias y estruendosas. Sus trajes eran más opulentos que los de la fiesta y las alhajas más profusas.

Mostraban el contento enfermizo que se les vio por la tarde. La atendían con singular deferencia y, sin recato, continuaban la farsa de sus vidas: recuerdos de infancia y sucesos de Londres o París.

Raquel, empeñosa en congraciarse con las ancianas, festejaba sus ocurrencias. Pero había algo más en el espectáculo: venía del jardín un olor sucio como si el pozo soplara el aliento de su agua podrida y al mismo tiempo los naranjos del patio hubieran florecido. El té le sabía distinto; algo pasaba en las cosas como una sensación de tristeza envolvente. Tal vez el insomnio le clavaba el malestar corrosivo.

Al tomar el vaso de leche, sus manos no la obedecían. Desgarbadas cayeron sobre la mesa. El líquido se extendió sobre el encaje y deslizó sus tentáculos hasta el suelo.

Las señoritas de Moncada, sin preocuparse, continuaron su diálogo en francés y en italiano sin importarles el aturdimiento de la muchacha que, avergonzada, intentó secar la humedad con la servilleta.

El hormigueo que le subía desde las rodillas llegó a su pecho y a sus labios y a su lengua de bronce. Ajena, su cabeza se llenó de gritos que ya no lograba sostener sobre los hombros. El corazón cabalgaba empavorecido. Con el resto de sus fuerzas interrogó a las viejas y las vio, pintadas y simiescas, sus cabellos de yodo, las mejillas agrietadas y los ojos con fulgores dementes.

Cada gota de su sangre fue atrapada por el miedo. Se puso de pie, vacilante, frente al terror, pero un marasmo de sueño la quebrantaba. Salió a los corredores tambaleándose. En un velo de bruma distinguió a medias la tarima del pozo apoyada contra el brocal y la escultura del San

José sobre el musgo y se arrastró con pesadez hasta las rejas encadenadas.

A través de un vidrio de aumento puertas y ventanas se multiplicaron, todas blindadas como tumbas. Crecían los muros, los pasillos se alargaban y un tren ondulante subía por las paredes. El jardín era un bosque gigantesco.

Caminó de espaldas, perdida entre la realidad y el delirio. Tropezó con un pedestal de alabastro, derrumbó la estatuilla. Más allá echó abajo el macetón de azulejos.

Arrastró consigo las enredaderas y las jaulas de los pájaros que respondieron con chillidos y aletazos. Ramas, helechos, palmas, en destrozo fatídico la abandonaban a su abismo.

Llegó hasta su alcoba y en el balcón quiso pedir auxilio, pero las puertas no se abrieron.

Enloquecida, estrelló sus puños contra los postigos, desgarró las cortinas e intentó gritar. Su lengua sólo aleteó como saltapared recién nacido.

Doliente, tras de la vidriera, distinguía cómo las mujeres la miraban tranquilas, de pie, desde el quicio de la puerta.

En un destello final, Raquel lanzó un gemido y se desplomó deshecha.

Despacio las dos hermanas llegaron entre la espesura del silencio.

Monina se acercó primero, tocó los labios tibios de la muchacha y llamó a su hermana.

Le acomodaron la ropa que dejaba al descubierto las piernas descoloridas. Con infinito celo doblaron sus brazos y peinaron su cabello alborotado. Luego, parsimoniosamente, entre las dos, levantaron la mísera carga: de los hombros y con dedicadeza, la una, de los tobillos la otra, y llevaron sigilosas el cuerpo hasta el pozo.

Sostuvieron a Raquel en el brocal; sus delgadas piernas pendían en el vacío. Un segundo después se alzó el sordo gemido del agua.

Colocaron la estatua, los jarrones y las macetas y, cogidas del brazo, como para una serenata, las señoritas de Moncada regresaron al salón de sus fiestas.

AL REVÉS

A Fausto Vega

El letrero decía: "Nebrija (Elio Antonio de) *profesor de literatura.*" La recién llegada confrontó direcciones, alzó sus pequeñas tenazas y llamó.

—¿Aquí enseñan español?

—Sí —respondió Beatriz—, pero a personas...

—¡Vamos!, ni que fuera yo del Suplemento... Vengo desde la mar...

—Desde el mar —le espetó con desprecio.

—...y tengo muchas ganas de aprender.

—¿Qué estudios ha hecho? —preguntó el profesor con desesperada transigencia.

La presunta discípula sacó un cuaderno —flameaba en la cubierta azul marchoso "Opera Omnia"— y leyó sin timidez: *De lo que sucedió a un caballito de mar; Historia de una espada. Parafernalia de Tritón.* Cuando llegó a *Crisoelefantina,* el dómine mordió su chupa y le dijo que no continuara: "Ya quedo enterado de que por lo menos simula leer."

—Es que yo soy la autora...

—Entonces puede que aprenda a escribir. ¿Cuál es su nombre?

—Rosita. Rosita de Acapulco. Me dicen así, aunque en verdad...

—No me importa el nombre que prefiera. Acomódese donde guste.

Rosita escogió un pupitre y desenfadada lo adornó con espejos, arena y pedacitos de concha.

Nosotros rehuíamos su compañía, aunque nos pareciera gracioso su interés por el aprendizaje y su insistencia en que oyéramos sus composiciones arrastradas por una voz insegura.

Margarita, resignada, padecía en su hombro la dureza de los garfios de Rosita y la reiteración sobre sus fantásticas historias del mar: de cómo las ostras van secando su carne en austeridad continua hasta que su soledad se convierte en una perla, de los pulpos que nublan la distancia con hemorragias de odio, del sanguinario amor de las tortugas y de las casas de apartamientos construidas dentro de las ballenas.

Olivia en cambio, altiva y ojiverde, no cejaba en mostrarle desprecio a cambio de íntimo y rebuscado temor. Yo aconsejaba a Cordelia retratara al bicho, pues era notable que semejante criatura hiciera lo que hacía; Cordelia apretaba los labios y me hundía en sus ojos azules.

Decidimos ignorar a Rosita. La supusimos obra de la imaginación, broma afrentosa del Nebrija; no le hablábamos ni mirábamos siquiera el lugar donde debía estar; pero nuestra reticencia decaía cuando nos daba tironcillos en las faldas o con mayor atrevimiento trepaba hasta el regazo y colérica nos pellizcaba, debo decir, moderadamente.

"Qué apretadas y míseras son las capitalinas";

o bien: "A mis condiscípulas, catrinas fósiles", fueron letreros corrientes en el pizarrón.

Una vez tuve que decirle que no fuera insolente y, rebelde, me contestó que su familia era mejor que la mía, que lo que pasaba era que yo y las obtusas compañeras le teníamos envidia. Que no se creyeran Beatriz ni Olivia que podían hacerla menos y enemistarla con Margarita —me lo decía castañeteando sus mandíbulas y con sonido más tartajoso. —¡Ya verán si no las quiebro de un mordisco! Y a usted que se anda ahí de boba y burlándose la voy a dejar más morada que una bugambilia. ¡No soy personaje de sus cuentos!

Sonora y endemoniada subió a su banca y estuvo leyendo hasta que el sol sacó la última luz de la biblioteca.

En las clases, la de Acapulco era igualmente intolerable. Preguntona y marisabidilla no soltaba oportunidad de lucimiento. El profesor tenía que esforzarse para que el coraje sólo le enrojeciera los ojos. Un día, sin embargo, consiguió Rosita hacerlo reír, porque matreramente casi le arrancó el calcañar a Olivia. Ésta soltó un "¡animal!" inconfundible, al que la otra contestó "tenerlo a mucha honra". Todos la festejamos y Rosita, oronda, fue a su lugar en seguimiento de su ruido.

Otra vez se trató del género y Rosita alegó que ella no era ninguna mercancía, ni entendía lo de accidente; que a cada quien su madre sabría como la había echado al mundo y que no aceptaba lo de epiceno, pues seguro que ella no tenía de eso, que sencillamente era un congrio.

—¿Un qué?... —recalcó el profesor.
—¡Un congrio!
—¡Puf, hija de español...!

A pesar de las repetidas promesas de no interrumpir más, la lección fue suspendida, igual como sucedió cuando al finalizar el verbo se mencionó a los irregulares. Rápida y conmovida Rosita tronó que todo permitía menos ataques a la religión. "¡No hay más Verbo que el Encarnado y no tolero que se le divida y menos que se le considere irregular. Esta clase no puede continuar!" Dio tales chillidos que íbamos por el zaguán, y sus estridentes "herejes, babilonios, ciudadanos del pecado" sonaban como si los trajéramos en la oreja.

Por su predilecta Margarita supimos de su afán por convertirse en sirena. Rosita de Acapulco había venido al altiplano a graduarse en dicción. "Un cangrejo gusta poco, mejor es lo otro."

—¿Se imaginan —la remedó Margarita— el pez espada que huye con su rauda flecha de zafiros como un cometa del agua, y la extraña flor que ríe con sus once pétalos caoba, que al sentirse tocados se vuelven blandos y tibios y sus punzones de luto se dispersan en carcajadas... y el canto, el imán del canto sobre explosivos marineros? Pero no pronuncio bien, no entono.

El animalejo entonces veía el suave y dúctil oleaje del jardín y con vocecilla apenas perceptible cantaba:

Por quererte alcanzar, por no tener,
el tiempo es breve y queda la ilusión;
apenas si detengo el corazón
aparte de tu alma y de mi ser.

—¿Por qué no mejor va a una escuela de canto? —aconsejaba Margarita.

—Pues aquí ¿para qué se estudia?

—Aquí es para los que quieren escribir.

—Con razón... No, eso ya sé... Lo que quiero es algo mejor pagado y, francamente, la demanda de sirenas es excitante... No se ría, ¡yo soy muy católica!

—¿Pero usted podría...?

—¡Vaya que si podré! Usted no entiende de cuando una quiere mejorar... usted es rica. No le diga nada a esas pesadas —se refería a nosotras—, pero yo sé que me emplearían. Me figuro que piensa que no tengo ni figura ni tamaño. Eso no importa, lo que deseo es el doblaje. Hay algunas sirenas que han envejecido, ya no pueden cantar; entonces, como no pueden alquilar a otras sirenas porque eso sería tanto como impedirles su carrera, pues pagan los servicios de quien se los presta... ¡Ahí entro yo! Imagine, imagine una voz que ensancha el ruido del mar y un pecho furioso donde resuena implacable, inclemente. ¡Cuánto prestigio para mi casa, cuánto honor para mí!...; pero usted dice que aquí no enseñan eso...

—No, aquí no. En el Conservatorio.

Margarita inútilmente ponía entre la canción de Rosita y su hombro la debilidad del cuaderno, pero en sus ojos asustados recorrían las cosas caminos de alivio y de esperanza. La cangrejo no cesaba de cantar, contaba historias de medusas, de los peces que se reproducen sin pecado, porque van sin mirar a las hembras, que despiertan a los huevecillos náufragos como lágrimas; hablaba de la malagua que tiembla en su cristal maligno; de las estrellas submarinas que están copiando a los astros y de los pescaditos múltiples que siempre van de la mano con bullicioso plumaje de cobre y ojos esmeralda...

Rosita fue adonde estaba el profesor.

—Me voy, señor.

—¿Cómo que *se va*? Cuánto daño han hecho al idioma las repentinas lenguas que son impulsadas por la galerna de la pasión, más que por el motor del raciocinio. ¿Se va usted a sí misma? ¡Hágalo, vamos, hágalo!

—Pues en el diccionario aparece como transitivo.

—A ver, a ver... ¡Esta Academia... imperdonable! Así que ¿*se va* usted?

Como siempre, el profesor cursaba el error. Rosita, para que no pareciera burla, prefirió mover afirmativamente la cabeza.

—La inconstancia, la ausencia de firmeza arruinan las mejores intenciones, socavan la virtud y demeritan los espíritus. Hace un mes deseaba aprender y, hoy, en menos de un minuto, seguramente, decidió marcharse.

—Es que yo quiero ser sirena.

—¡Basta de locuras! Llega usted, destartala

la clase y ahora sale con esa estúpida invención...
—Usted no conoce el mar...
—¡Silencio!...
—Ni el sol.
—¡Que se calle...!
—Ni la vida. Puede que sepa muchas cosas...
—¡Insolente! Le digo a usted que...
—...tantas, que muchas ha olvidado; pero hay otras que hasta su imaginación desconoce. (No quiero discursos, ¡cállese!) Profesor, ser sirena, absolutamente sirena, más que serlo por la carne, es privilegio de las que, como yo, lo somos por elección (qué idiotez). Usted no entiende, pero también, deseoso de saber, entregó a eso, perdóneme, los mejores jugos de su espíritu. (¡Bueno, termine usted!) Yo insisto en ser sirena y pongo mi fuerza (adónde vamos a dar con tales disparates, esto se acaba, ahora se va usted porque yo la echo) en conseguirlo, ser sirena no es lo que cree usted, ni *éstas*: amigo, déjeme que le diga así, la seducción no es asunto de sirenas; los simples mortales no pueden verlo de otra manera, pero en verdad es sólo amor, sabe, puro y potente amor, reunión y festejo de lo creado. (¡Cuánta locura!) Un canto de alabanza y quien nos oye se inflama en nuestro gozo y participa de esta gracia, y desaparece porque nosotras protegemos su deseo de compañía; pero nadie lo devora ni lo descuartiza. Por lo contrario, se le trata como a un elegido (¡Fuera, bribona, fuera! Esto es el colmo. Si no se mar-

cha la machaco) y nada puede nadie contra nosotras, somos de irrealidad, de sutileza, de fantasía. Ojalá, pobrecito de usted, alguna vez nos oiga.

El profesor arrojó su cólera contra el crustáceo; pero sólo dio contra el seco golpe de la puerta.

LA HORA DESTEÑIDA

La soledad la volvía etérea. Su taconeo penetraba en la noche densa del callejón. Aterrorizados latidos metían el cansancio en sus articulaciones. Se desbordaba y luego se encogía en oleaje infinito. Perros de rostro humano multiplicaban diminutos mordiscos y la herían con agrio manoteo; después eran más altos y su aceitosa bestialidad entre los muslos la hacía tambalearse. El calofrío la untaba de sudor. Hizo un impulso para vencer el pánico. Quiso elevarse pero apenas consiguió alzar los talones. Siguió por el camino estrecho, por hileras de casas corroídas y entró en un cascarón y salió a la calle cada vez más angosta, afilada como caja de muerto.

Se arriesgó por cualquier vano y de improviso encontró un pozo —cónico alcatraz abierto a un cielo alucinante—. El destello le impidió notar a extraños individuos que asoleaban su miseria pegados al brocal de ladrillo. Cuando los vio pálidos e insignificantes como gelatinas, el hombre esbeltísimo, plantado en el centro del pozo, la atrajo con su voz musical y potente como eco de gong, que ordenaba rotunda a los desvalidos andrajosos y sin aura.

El deseo de huir la lanzó por el pasillo a las habitaciones: la impresionante alcoba y los lechos desolados, el comedor y el par de pinturas de peces, claveles y racimos de tórtolas. La sala en sombras. Los estantes donde dormían raídos títulos devotos y los espejos dorados, sin imágenes.

Perdida en una y otra pieza se detuvo ante la ventana. El paisaje se anunciaba en la cerca —un paisaje de pinos que no existía en la calle.

Los perros silenciosos, sin morderla, la siguieron humildes por todos los cuartos.

Salió al último corredor. Una fila de macetas le recordó un episodio de su infancia; ansiosamente buscó lo que había de destruirla. Alcanzó la puerta y, en el umbral, estalló su sorpresa: una niña, ella misma como en el retrato que guardaba su madre, pero con el semblante cansado y triste de los hombres del pozo, de los perros, de los pinos, de las tórtolas secas, de los espejos sin rostro. Cruzó con ella una mirada interrogante y silenciosa. Luego huyó.

La jauría microscópica volvió a morderla. Colmillos enfurecidos alcanzaron su cuello, puso el pañuelo donde la sangre resbalaba como si su gargantilla de corales se le hubiera desprendido... Reconoció que de nuevo caminaba por la amplia avenida, entre los otros.

ZAPATOS PARA TODA LA VIDA

La verdadera tragedia de mi vida comienza cuando mi padre quiebra en su industria de calzado.

Esto hubiera podido soportarse si no discurre separar los zapatos por número y calcular exactamente la cantidad de pares que todos los de casa deberíamos usar mientras viviéramos. Así, que, por ejemplo, si yo a los doce años calzaba del 19, a los veinte calzaría del 23 y, por lo tanto, tendría zapatos para la eternidad.

Colocaron los pares destinados a mi existencia en los ángulos de mi cuarto y aquellos ataúdes levantaron su escala hasta el cielo. Yo tenía tiempo, durante la noche, de contemplar la torre de grilletes que aprisionarían durante mi vida mis pies sentenciados.

Al abrir alguna caja, al azar, procurando que no se derrumbara la Babel, mi desconsuelo no tenía límite al descubrir unos choclos híbridos, de consistencia de hierro, que invariablemente, en hombre, parecían de mujer y, en mujer, se hubiera jurado que eran de hombre. Su color tornasol los acababa de hacer abominables. En otra caja descubría unas botas que soñaron ser de cabritilla y eran de lona, casi calicot, con hileras de muelas a los lados, en partes blancas y en partes con las caries de metal negro al descubierto, en donde se atoraban unas cintas kilométricas. No existía ni un solo par halagüeño; eran zapatos de tropa, para pies de forajido, con cascos de hierro como criptas.

Envidié a los tarahumaras y a los niños descalzos y soñé absurdamente que un camión me triturara para que mi papá fuera la única víctima de sus fracasos. Mi consuelo era que los pies no me crecían y procuraba andar muy quedo para no destruir nunca mis mocasines rojos.

Acabar con el calzado de puntas amarillas, con todos los guaraches, con aquellos botines que tienen chiquiadores en los tobillos, arrancar de las sandalias los moños de seda y quitarles lo sinuoso con baños de agua sucia, mutilar tentáculos de chancletas y escarpines y a todo trance no dejar zapatos, ni siquiera un cacle en donde enjaularan mis pies fue la idea fija, perturbadora, alucinante, que dominó mis días.

Para conseguirlo discurrí pertrecharme de herramientas: tijeras, navajas, una lija, piedra pómez y buenas alcayatas.

Evité dormir para caminar calzada a cuatro patas por los pasillos y el corralón empedrado. Empecé a estrenar dos veces por semana. Mis amigas tuvieron regalo el santo y el cumpleaños. Calcé a los limosneros del barrio. Con frecuencia dejaba algún zapato en las visitas, pero esto no dio resultado; las familias devolvían el huerfanito y me ocasionaban regaños y castigos. Fue mejor olvidar pares flamantes, escogido el número, adecuados a los niños de la casa.

A las zapatillas pespunteadas les tomé tal

saña que muchas fallecieron bajo las ruedas del tranvía. Fue también un buen sistema recolectar bolas de chicle de todos los pupitres: son infalibles contra el raso y el glasé.

Pero el afán es agotante. A veces camino diez y más kilómetros persiguiendo con mi tirria la dureza de estos cueros embrujados que no sufren ni se alteran, y que soportan inmutables mis ampollas y mis pataleos. He inventado pasos que doblan el desgaste, pero estoy muriendo. Sus lengüetas asesinas me atormentan y las suelas se incendian con mi calentura. No hay manera de acabar con esta plaga. Inauguro seis grilletes cada día y apenas unas cuantas filas desaparecen. El blanco cajerío se aprieta malicioso mientras agonizo.

Es muy duro rasparlos con lija; muy difícil que se rompan dando saltos. Las uñas se quiebran y me sangran los diez dedos en esta lucha infortunada. A una legua de distancia el olor de la vaqueta me denuncia; no es que sude, lo que pasa es que metida en estos cepos cualquiera se deshidrata. Los modelos cada instante son más viejos, me avergüenzan. Hacen falta siete vidas para usarlos. No se acaban...

LOS PIOJOS

Dos INDIOS, en horas de constancia, buscaron entre sus ropas, devotamente, piojos como perlas, y los regaron por el suelo.

Trou-trou blanco sobre el cemento. Pespunte diminuto hacia la pared ocre, no mayor que la escuadra de un pañuelo. Se movían lentos como camellos recién nacidos. Desorientados en el nuevo planeta duro, inhóspito, añoraban el sudor agrio de la selva enmarañada de sus dueños; el paseo por las tibias columnas humosas, el esconderse en la humedad de los pliegues; la excursión por el pozo inescrutable de las panzas fajadas; y aquel delicioso rodar por las pieles acogedoras.

Camila tenía diez años. De rodillas en el escalón observó el desconcierto de los bichos. Le contaron que tenían un ojo en la espalda, y ella, con un vidrio de aumento, alcanzó a distinguirlo en el lomo; un ojo rasgado de tigre con pestañas verdes.

Eran piojos sin patria como los albinos. Deseaban ser hormigas, taladrar un nido en las paredes y allí esconder su átomo de vida. Ser al menos piojos corrientes, amarillos o negros, con la piel aceitosa, pero ágiles y alegres y con hogar estable; jugar en las barbas dormidas de los abuelos del pueblo, o danzar en trenzas desteñidas como las de Camila, o ensayar equilibrios en las greñas oscuras de las bonitas, que los alisan sobre la nuca cuando miran pasar a los rancheros.

En aquella piedra calva no había esperanza. Camila, de pronto, corrió escaleras arriba. Regresó al instante con un brasero de carbones encendidos, pequeño como un incensario. Colocó un comalito sobre las llamas, y pacientemente, con un largo popote, los iba tostando uno por uno.

Era un juego malo y emocionante. Al principio corrían con una actividad inesperada; luego, vencidos, se inflaban como chaquiras disparándose en un estallido de pistola de juguete.

A Camila le brillaban los ojos ante proceso tan divertido. Algo atávico y maligno le impedía retirar la vista del diminuto horno crematorio; sus facciones de niña mostraban crueldad diabólica.

Cuando sacrificó el último animalito, desconsolada, buscó en la más escondida hendidura por si fuera posible el escape de algún camello.

Encontró uno. Llena de alegría lo paseó por sus manos. Lo admiró lentamente a través del anteojo y después de alisarle la piel exquisita, tuvo miedo de que se hubiera muerto, por lo silencioso. Pero el indefenso se hacía el dormido y antes de bailar en la pista inhumana su danza de muerte, vengó a sus hermanos, los que como él habían sido diminutas catapultas lanzadas a la nada. Clavó en la sangre de Camila su aguijón irremediable.

CONVERSACIÓN DE NAVIDAD

—Ring... Ring... Ring...
—Bueno, ¿quién habla? ¡Ah!, ¿eres tú?
—...?
—No sabes. ¡Un horror!
—...?
—Claro, con la familia. Esa noche no hay quien se salve... ¿Estás solo?... ¿Puedo platicarte, mi vida?
—...
—¡Qué Navidad! ¡Vaya nochecita! ¿Te imaginas?: todas mis hermanas con maridos de diferente tipo y nacionalidad; pero, uniformemente, de mal humor.
—...?
—¡No! Es que nos hemos sugestionado contándonos la historia de que somos muy unidas, y con esta fantasía nos hacemos pedazos, queremos seguir una tradición imaginaria de tardes familiares pasadas al amor de la lumbre, cuando, en verdad, descendemos de gitanos nómadas a quienes enferma saber dónde y cómo van a pasar la noche; pero ninguna se atreve a destruir el engaño, porque están los maridos... Ellos fingen que lo creen y nos enredamos con el ideal más imposible del mundo.
—...
—Déjame que te explique: Un mes antes de

la fecha comenzamos a planear la noche trágica. Nuestro natural belicoso nos dificulta bastante el arreglo de la cena. Se grita, se maldice, se rechazan por sistema todas las sugestiones. Un desastre. Resulta —por ejemplo— que a nadie en casa le gusta el bacalao, pero tratándose de la Navidad, aunque nos dé escorbuto, no puede eliminarse. En cuanto al pavo —da pena decirlo—, no lo soportan ni en mole, pero es el platillo tradicional, y ¡una cena sin pavo!, ¿dónde? El relleno se lleva cien pesos. Castañas y oro molido. Por supuesto quedaría perfecto con migajón y papel crepé —para tirarlo, que es lo que sucede, resultaría lo mismo y se perdería menos. Mi hermana "la rica" opina que de ninguna manera, y se rellena con los más costosos ingredientes que juntos y mezclados saben a grillo.

"Vinos espléndidos. Sin presumir, hasta Viuda de Cliquot. Por último, el pastel alemán que tomaba el Káiser —una receta formidable que a nosotras siempre se nos quema. Maravilloso, ¿no? Pues en casa un fracaso completo."

—...?

—¡Hombre!, la reunión tiene lugar en el *hall* de "los ricos", alegre y calentito (por lo menos en Navidad). El clásico árbol luce lleno de regalos, tal como nos ordenaron los gringos que debía ser. Pero cada pareja llega lo más tarde posible, en un verdadero maratón de impuntualidad. Los últimos, para que nadie se atreva a reclamarles, estrenan una cara de metro y medio. Cada uno, por supuesto, trae sus regalos envueltos en inocentes listones multicolores que descarga furioso junto al árbol sin culpa, como pedradas sobre la adúltera. Nadie hace comentarios. Todos nos esforzamos por no romper con alguna imprudencia que dé al traste con la forzada paz que vibra sobre púas. Los que llegaron primero, como ya se aprendieron el estucado del techo, y tienen un hambre furibunda, se dedican a quebrarle la cola a los pajaritos de canutillo ensartados en las ramas de pino. Mi hermana soporta las mutilaciones con tolerancia ejemplar. Cuando mi gracioso hermano llega, pasamos al comedor. Se sientan todos a la mesa con una incomprensible rabia de culebra. Mientras sirven el consomé, unos piensan en lo bueno que hubiera sido acostarse a las ocho; otros, quizá, preferirían haberse ido a otra parte. El malestar nos contagia y ése sí es tradicional en esta cena. Empieza la catástrofe: tres de mis hermanas, las que siempre están "de encargo", desbordan su electricidad sobre sus maridos que esa noche no soportan nada. Ellos se empeñan en sentarse junto a mí, con la esperanza de que yo, al menos, haga "tierra". El ambiente es imposible, pero como hemos jurado que la Nochebuena no podemos estar separados...

—...
—Lo peor es cuando el pescado hace su aparición. El gesto de desagrado es general. Alguien hace un pésimo chiste. Pide "Mum" para quitarle el mal olor. Luego, por quién sabe qué desdicha, el pavo no se doblega bajo el filo de

cuchillo alguno. Permanece intocable guardando el misterioso relleno como una caja fuerte. Y cuando mi hermano dice que es una reunión de momias y que prefiere irse a la cena de las "señoritas X", los maridos montan en cólera y se aprestan a decir cosas desagradables.

—¡...?

—¡Sí beben!, pero no se alegran y como en realidad no cenan, un cuñado pide caldo de frijoles; otro, arroz del mediodía. La chamaca descubre un pollito cocido. Lo devoran entre todos y, cínicos, confiesan que esa vianda sí les gusta. La moral mejora y nos apresuramos a repartir los regalos. Con todo, apenas suena la una y media. Yo inventé que estaba muy cansada y desaparecí. Fui derecho al refrigerador a merendar decentemente una chilindrina y mi vaso de leche. Tomé posesión de mi cama, feliz, esperando que el próximo año no haya aquelarre familiar. Cualquier otro día podemos reunirnos con éxito, pero esa noche no, está visto. Mi preocupación es que ninguno va a proponerlo: "somos tan unidas y nos queremos tanto..."

—...

—¿Con tu mujer y las novias de tus hijos...? ¡ja, ja, ja...!

—¡...?

—¿Cómo dices?... Bueno, bueno... ¡Ah! ¡Ya llegó la arpía! Entendido; dime aprisa en dónde nos vemos. ¿Sí? Entonces pasas por mí a las seis, ¿eh? ¡Adiós, mi amor...!

MI CHIMPANCÉ

Mi chimpancé vino a verme. Es un ejemplar prodigioso. Sentado al borde de mi cama me ha dicho que tal como ocurren las cosas no pueden seguir.

Sufre cadenas que lo aniquilan en su alojamiento de ignominia. Barrotes de doble filo le cercenan los ojos. Por alimento le dan tan sólo cáscaras secas. A nadie le importa ya su apetito. Cuando está rabioso, hielo y cilicios. Nadie repara en su bella corpulencia que podría en un instante romper la jaula, hacer añicos todas las cosas, derribar al mal carcelero y danzar a su gusto por los siete bosques que conoce como su rostro, bosques y praderas que recorrimos juntos hace tanto y tanto... Dice que está cansado de no usar su fuerza, de que lo juzguen un derrotado. Sus palabras suenan razonables.

En la jaula en que muere, el aire no le alcanza. Estaría bien para un tití dañado de ascetismo, pero nadie tiene derecho a poseer una bestia magnífica y darle vida de mico.

Antes me divertían sus saltos fantásticos, sus piruetas inigualables me enloquecían; pero mi miedo lo destruye y él no acepta momificarse. Un chimpancé de su talla no puede transigir con esta existencia absurda. Mañana quiere irse y ha de ser por la buena el que yo lo permita.

Es mejor que acepte y que se marche. He vivido olvidando que existe y mi afán por ignorarlo lo enfurece. Afirma que nada ha de pasarme con su ausencia y me dice que soy como un necio que poseedor de una yegua de pura raza no la montara nunca. Está cansado de oírme contar a mis amigos, con vanidad asombrosa, que soy dueña de un ejemplar único, bélico engarce de pasión y belleza, pero que lo quiero encadenado.

Estoy engañada, mi ingenuidad le da pena, no podré lucirlo nunca más; prefiere vagar a quedarse entre mi náusea y mis deseos paralíticos e insatisfechos. Que me quede mintiendo con un pigmeo en la jaula, porque al fin ya debo sentirme torpe para sus andanzas. Ha mucho me mira como a un puñado de madroños secos.

Olvidé que hace tiempo atravesé sus selvas enormes y fui rayo, centella y lumbre sobre la tierra dura, sobre la verde fragua hecha de menta y de césped; me fingí pájaro monstruoso, remolino entre los árboles, eco de bronce y de orquesta, estremecido abrazo de huracanes y relámpagos; viví sábanas de musgo, campanas y sollozos; pero hubo una palabra que me volvió ceniza.

Él no nació para cautivo; largos años lleva de soportarme huyendo de su indómito sino de violencia y, para no luchar, solemnemente me avisa que tiene que irse mañana.

Ni siquiera me maldice; le causo un poco de risa. No me acusa de nada; me regala mi miseria. Suprimirlo reduce mis posesiones y es cosa que sólo a mí me incumbe. Me recuerda solamente que hubo un tiempo en que no me causaba martirio su compañía y que tal vez ha de pesarme.

Al irse, seré una lápida más en un cementerio; me iré despojando de mi viejo deseo de vivir.

Casi gritó que ya puedo quedarme libre añorando sus estragos, su fuerza y sus incendios. A él ha de vengarlo el tití tembloroso acorralado en la jaula, quien también podrá condenarme. Que el simio pequeñín, con su hocico de grillo, maldecirá mi alojamiento y mi comida de corcho, pero que es tan ridículo y débil que no le tendré compasión. Me aconseja que mejor me encierre yo en la jaula.

Pero eso sí, aunque yo muera, insiste en irse mañana.

Tal ha dicho. Y mientras él pensaba que su intimidación me helaría los huesos, serena alegría iba alzándose en mis desiertos como una aurora lenta y triunfal. Hasta entonces no lo supe. Él decía que era mi fuerza, siendo mi lasitud; que era mi prisionero, cuando se había erigido en mi tirano.

Si él parte mañana, ¡que se vaya! El ronquido de su ancho tórax no manchará el aire de mi amanecer.

GUÍA EN LA MUERTE

Una ráfaga de hongos marchitos hiere a los turistas que ambulan por el largo y subterráneo corredor de cantera.

Al fondo, los cuerpos recostados en la pared. Cuerpos impersonales como leños desnudos, con la desnudez de lo eterno. Se trata del tesoro de un pueblo que danza con la muerte.

El corazón se detiene cuando la procesión descarga su rigidez en nuestro desconcierto.

En el grito que les crispó las bocas, en la distorsión perdurable del semblante, en la plenitud que desorbitó las cuencas, todas las momias claman a Dios... Y al agrandarse la invocación poderosa, el congelado alarido taladra los huesos y la sangre se atropella adivinando el encuentro.

Ninguna de aquellas máscaras habla de paz. Hay algo sacrílego en el fraude de su existencia, en el juego diabólico que retiene su silueta. Están allí distendidas y dolientes bajo la ignominia de nuestros ojos, ancladas en el trance de su agonía.

¿Qué hacemos nosotros, intrusos, los que todavía tenemos sangre, los que tiritamos bajo el abrigo, los que medimos un tiempo verdadero frente a sus pupilas ciegas y arrugadas, los que padecemos mirada obscena y con gesto indiferente mascamos tabletas de goma?

Seguimos al guía por la angosta cripta. Él también se antoja de otra especie que la nuestra. Vestido de soldado enseña una mano afeminada, mientras esconde la otra en los amplios faldones del saco, aunque se adivina, por la holgada manga, un brazo seco acabado en punta. Su bufanda raída lleva siglos de mugre, la enrolla en el cuello y, como un reptil, el tejido se esponja, trepa por su barba y oculta a medias el rostro más viejo del mundo. Con espeluznante familiaridad trata los cuerpos exhibidos, hace tamborilear los vientres huecos, roza, con los dedos de su única y bella mano, la desnudez más íntima.

—Van a ponerlos bajo vidrio —explica— porque la gente es muy atrevida. Hay quien se ha llevado de recuerdo una manita de niño, otros les arrancan los pelos, pues como casi todos padecieron muerte trágica son buenos amuletos para librarse de accidentes.

Luego añade señalando uno de aquellos bultos:

—Éste fue ahorcado por desertor.

Lo contemplamos con interés. Demasiado joven. Su lengua resbala por la boca hasta el pecho. Se conserva enfundado en su calzón de manta que nos conduce hasta sus botas de minero, que afrentosamente le dejaron puestas. Una capa de moho adorna las suelas culpables que no lograron salvar sus nómadas pies de niño; están allí intactas, aún con el horizonte del último camino.

—Aquí está el réprobo —anuncia—. Liberal, ateo, masón de grado 33, murió blasfemando. No le concedieron sepultura cristiana y su mujer lo enterró en el patio.

Sobre su imponente traje negro semeja una tarántula el distintivo de la escuadra y el compás. Lleva el brazo en el dorso y el puño en el pecho; así, eternamente. Es el que permanece impávido, como un bloque aislado en su destino.

—Ésta es la adúltera asesinada por su marido —grita con voz que recuerda la lotería de las ferias.

Alrededor de la garganta la cuerda ennegrecida es un listón de luto que aprisiona una rosa muerta. El óvalo perfecto del rostro conserva las facciones cinceladas sobre pétalos marchitos. Los ojos cerrados, con el terror hacia dentro, extienden las guirnaldas de sus pestañas; la boca guarda un coágulo negro ya desgastado; la contorsión de sus brazos le da aspecto de odalisca que ejecuta una danza, y de sus manos sólo perdura el nácar de las uñas, escamas plateadas sobre hojas de acacia. Comprendo: era tan frágil que incitó al destrozo.

El guía quiere pasar de largo frente a una mujer que aún parece seguir retorciéndose en el postrer espasmo, pero alguien lo interroga. Él se vuelve y exclama irritado:

—A esta señora la enterraron viva. Era muy rica. Le sobrevino un ataque inesperadamente. Todavía tiene parientes en el pueblo; los de "Las 3 BBB" son sus nietos. Cuentan que a su primogénito, un niño prodigio que tocaba el violín a los siete años, un día, por descuido, le derramó miel hirviente que lo marcó desde el cuello; la quemadura devoró el brazo y hubo que amputar la mano del pequeño artista. El chico huyó de casa. El padre, rencoroso, nunca pudo perdonarla. Años después, el muchacho reapareció. Se dice que sólo el padre y él presintieron que no estaba muerta; pero la enterraron de prisa.

Aquella mujer con los dedos deshechos, incrustados de astillas y quebrados hasta la falange, conserva su obesidad. En la estrechez del ataúd logró volverse boca abajo. El estómago se le escurrió libremente hacia un lado y el pesado cortinaje de grasa disecada le cubrió las caderas; el busto, de dimensiones repulsivas, quedó lamiéndole la espalda, y aspados los brazos en la última desesperación.

Seguimos al guía que, malhumorado, trata inútilmente de encender un cigarrillo con su mano temblorosa.

—Este general se suicidó cuando los insurgentes se apoderaron de la plaza —explica casi con regocijo.

Luce enjoyadas condecoraciones sobre un sudario de harapos. Solemnes patillas y bigotes color de caña. Alto y majestuoso nos recuerda a Maximiliano por la cicatriz envejecida que en forma de corona lleva en la frente. Tieso e inmóvil, en actitud de revista, asiste a una parada de escuadrones fantasmas.

—La madre y el niño —apunta casi inmediatamente el guía.

Un tajo en el vientre muestra las vísceras. Ni una gota de sangre retuvo la oquedad. Palidez total más allá del vértigo da a la piel transparencia de vitela y un gesto de asombro hay en el rostro por la expiación inesperada. El pequeño cuelga pegado a sus entrañas, nonato y yerto, las manitas encogidas se aferran al laberinto del cordón umbilical que lo estrangula y dobla su cabeza como un fruto de limón desgajado. En los senos henchidos de la madre duermen ríos de perlas y duerme el llanto ineficaz de sus párpados sin ojos.

—La novia —dice el cuidador acercándose a una nueva figura—: solterona perseverante, rezó novenas y hasta la estrafalaria oración de San Pascual enseñada por un vidente. Practicó brujerías: usó el amuleto de Buda, los tres pelos de canguro, la saliva de serpiente y los siete granos de sal, pero cayó muerta el día de la boda.

Lleva ropa plomiza con encajes y azahares. Las manos enguantadas aprisionan la imagen del bisoño, rostro triste que ella soñó para su vida. Con sus arrugas amarillas veladas por el tul polvoriento, difícilmente disimula la lluvia de viruelas y parece ridícula virgencita de barro, como las que adornan devotamente las Hijas de María.

Por último, nos señala a dos niñas vestidas de solferino y azul. Muñecas pueblerinas enterradas con sus galas de pasear y a un niño que se ahogó; pequeñito y endomingado, mascota del trágico panteón.

El guía tose y apresuradamente da por terminada la visita. Los vivos nos arrastramos tropezando con los cráneos que se acumulan hasta el techo.

Un movimiento torpe hace que la bufanda que oculta el cuello del guía resbale y, cuando él se apresura a cubrirse, yo he visto una quemadura repugnante que pliega su carne y avanza por su pecho.

No resisto más. Me adelanto a todos, hacia la vida. Es música el zumbido de abejas que me recibe bajo el sol. Palpo mis cabellos, mis latidos y mi piel, ¡todavía vivo! Puedo llorar sobre mi instante fugaz. La certidumbre de que existo me golpea las arterias.

Guanajuato, 2 de noviembre.

LA TIMIDEZ DE ARMANDO

Encajonado el rostro en su cofia de listones, con rehiletes a los lados como orejeras de potrillo, desde su primera semana la madre lo exhibió como una curiosidad.

Las vecinas lo pasearon de mano en mano; le hicieron minuciosa revisión de los pañales, de la camisa deshilada, de la chambra de madroños, del babero condecorado con rositas rococó y de los zapatos hechos de tul espuma. Después de escudriñarle los interiores como a nuez suculenta, todo acompañado de arrumacos, y movidas, y onomatopéyicos sonidos, que en el infante promovían mil pucheros, opinaron que se trataba del bebé más adorable del mundo.

Las pruebas con terciopelo, con sombreros de paja, y con plumas de perico, demostraron que las hojas de lechuga, con que rociaban el baño, eran las que fomentaban su color apitahayado.

La madre movía al niño durante la noche para comprobar que no estaba muerto, o hacía ruidos inesperados para que la criatura, a saltos, diera prueba de que no era sorda. Su fervor al deporte maternal hería de besos mejillas y muslos del chamaco que enloquecía de histeria.

Hasta los siete años, por esmero materno, lució melena rubia llena de cairelitos que lo hizo del todo desgraciado.

Mamá se ponía muy contenta cuando alguien festejaba al bebé como a una niña.

Mordíale feliz los cachetes para sacarle chapas y, llena de orgullo, parecía gritar a las comadres, señalándose el vientre, como aquellas impetuosas matronas espartanas: "Aquí tengo el molde."

El niño se consolaba haciendo en la pared agujeritos para roer el yeso de los muros. Más grande, cuando le dio aquella fiebre, se acabó un santo de barro oloroso; empezó devotamente por los pies benditos y siguió escaleras arriba hasta la aureola.

Según el decorado con que madrugaba la imaginación de su mamita él luciría ropas de hombre o de mujer.

Quizá su malograda vocación de corista la obligó a confeccionarle aquellos extravagantes disfraces. No había semana que el hijo no sufriera alguna transformación: de niño Jesús a Pierrot; de rey negro, para la misa de gallo, a china poblana para alguna kermés. Estas metamorfosis lo tenían enflaquecido, con la angustia del "sobresaliente" que teme ocupar un puesto inesperado.

En trajes y retratos su madre gastó una fortuna. Con los estudios fotográficos se hubiera llenado una galería: desde el imprescindible desnudo hasta el vestido de charro.

Le enseñó, además, bailes ridículos y chistes pesados que el pequeño interpretaba con torpeza notable.

—¡Mi amor, mi rey, mi dulce de leche! —gritaba sin importarle que la oyeran los vecinos.

En seguida:

—¿Verdad que es un rorro?

La vergüenza lo congeló por dentro.

¡El proceso de las comidas! Peor que el famoso de Landrú, o de Al Capone.

Primero, el biberón con aquella birria espesa que llevaba diez vitaminas: huevos, hígados, el puré de todos los cereales, miel de croto, yerbabuena, flor del pinto y vitiligo. Después, las gelatinas que, según creía la buena señora, con hojas de naranjo adquirían matiz alcohólico. Allá en sus mocedades bebió un ponche de hojas con piquete y se aferró a la idea de que son las ramas de azahar las que producen el alcohol, y cuidaba, siempre, de no excederse. En seguida, raciones de alpiste, entre advertencias:

—Escupe, querido, no te pases la carne, tú no la sabes tragar. No te gusta lo frío. Te hace daño caliente. Escupe, mi bien, escupe...

Y el niño no se quedaba con nada.

Era un adolescente asustadizo, de pálidos cabellos, con inverosímil aspecto de postre. La economía de sus labios lo mostraba totalmente de jamoncillo. La transparencia de la piel permitía admirar el reflujo de su sangre que, con el más leve pretexto, le hacía oleajes por el cuello. Bastaba un portazo, o que se hiciera añicos el cristal de una ventana para que con la ligereza de la leche, cuando hierve, le estallara el color en los oídos. Cuando el aluvión sanguíneo ascendía y avanzaba hasta el cerebro, el detrimento de su voluntad era definitivo.

Su madre lo quería con un amor eléctrico que lo debilitaba más que una calentura. Al verlo tan frágil se entusiasmaba con él pensando que este hijo le pertenecía como su faja o su dentadura.

A pesar de todo el muchacho no era tonto. Su inteligencia de onda lenta registraba las ideas con retraso (no sabía pensar de golpe).

En todas partes su encogimiento le jugaba malas pasadas. En las aglomeraciones, si una obesa ponía sus kilos sobre su zapato, él permanecía bajo la aplanadora sin informar a la robusta que lo estaba volviendo oblea. Podía caerse el mundo antes que incomodarla.

En las fiestas, cuando animado por sus compañeros al fin se acercaba a alguna mujer bonita, se dedicaba a mirarle el rostro con tal arrobo, que la mamá o el hermano lo sacudían con una sonora cachetada, pues su maldito apocamiento lo doblaba hasta el escote de la chica.

Ni siquiera podía negarse a fumar aunque no lo acostumbrara. Igual sorbía puros que cigarros rusos y se quedaba con el humo en el cuerpo hasta tomar el color del celofán clarito.

Las niñas de la cuadra, aunque lo supieran insípido, se empeñaron en arrancarle una sonrisa; algunas arriesgaron sus pañuelos confiadas en su galantería, pero el infeliz se quedaba sobre la prenda convertido en herradura.

¡En cuántas ocasiones, flaco y entelerido, esperó el tranvía y dejó que pasara sin atreverse a incomodar al motorista! ¡En cuántas otras recorrió las esquinas en busca de viajeros decididos que justificaran la molestia!

Si subía a un autobús, era tal su azoramiento que saludaba de mano a los pasajeros y, confundido ante las miradas que caían sobre el rubor de sus orejas, se bajaba mucho antes de llegar a su destino.

En la escuela, al preguntar el maestro quién había roto los vidrios, su conmoción era tan intensa que parecía el responsable y siempre tenía el monedero en la mano.

Una vez se refugió de la lluvia en el quicio de una puerta; el sirviente de la casa abrió el portón, lo supuso pariente de la familia y lo hizo entrar. Armando, sin poder negarse, lo siguió hasta la recámara de la señora. Se le volvió un problema explicar en la comisaría que el criado lo introdujo hasta aquella intimidad y, al ser acusado de allanamiento de morada, por el marido furibundo, las disculpas resultaron increíbles.

Su madre pregonaba a los cuatro vientos que era un hijo sensible, lindo, delicado, el más inteligente y gracioso de todos los niños nacidos de señorita.

Una mañana, Armando hizo el inventario de sus desventuras y, como su vacilación le impidiera suicidarse, decidió algo definitivo.

En el pueblo no existían más que las lenguas que contaban la fuga del hijo descastado.

Desde entonces, la madre contaba interminablemente, entre sollozos, a sus amigas, las gracias de su ex-niño. De cuando escupía a las visitas y se sentaba en sus sombreros y, entre otras muchas monadas, aquella palabrota que sabía aplicar tan bien a las señoras... Luego, recordaba melancólica que de pequeño, cada diez de mayo, le entregaba una composición escrita con letra redondilla en donde hablaba incomprensiblemente de tormentas, del abrazo de los pulpos o de plantas venenosas que se alimentan con sangre y, la buena señora, tuvo la sospecha de que este chico raro no hubiera comprendido que el tema, en este caso, era el de la madre.

DIGO YO COMO VACA

Si hubiera nacido vaca estaría contenta. Tendría un alma apacible y cuadrúpeda y unos ojos soñolientos. Dos rosas cabalgarían en mis flancos, orgullo de mi estampa bermeja. Mi cola, entretejida con papel de china, espantaría las moscas que retozaran en mi lomo como sobre un puesto de fruta. Junto al río, hincharía mis riñones con enormes tragos de agua, y barrerían mis belfos el perfil verdoso donde flota el limo. Buscaría siempre tiernos retoños y triscaría prefiriendo el perfume del trébol a la madura caña. Por bonita habría de cercarme el bramido del toro.

Los años en mis ojos húmedos, en mi espera en el llano, en mi testa de sueños, se estancan. Me gusta frotar la piel sudorosa en el aprisco asfixiante mientras por mis lagrimales pasean las hormigas acariciándome las cuencas. Horas y horas paso sobre el musgo terso sin hacer ruido. A la queda, bien echada en mis cuadriles pienso que el cielo es un enorme prado de alfalfales azules, y el sol un semental de fuego.

En la cerca de huizaches, cuando los labriegos se acerquen les enseñaré mis ubres de lino como una cordillera y los terneros nutridos de mi zumo.

Con la mente hueca viviré sin culpa, alerta sólo al toque de las seis campanas que dispersan el repique de su voz sobre el sembradío. Descarriada en el valle iré a lamer las piedras salinas, las que se amontonan y bardan el campo más allá de la vereda. En la calentura de los mezquitales detendré mi carne perezosa para mirar cómo a las lagartijas les palpita el vientre color de arsénico y cómo las acerinas de sus ojos se petrifican bajo el sol llameante.

Cuando algún becerro cayera en el barranco, mugiría con fuerza para que los pastores bajaran corriendo hasta el soto y le hicieran una tumba de siemprevivas. Pero yo siempre estaría inmóvil, solemne, ídolo de siesta infinita, mientras mis mandíbulas rumiaran suavemente la eternidad de la tarde.

Y SE ABRIRÁ EL LIBRO DE LA VIDA

Ven y verás: El bosque se mueve con lentitud de paquidermo. Y la caudalosa espesura de madreselvas desnuda su letargo al paso de las zarzas. Y apuñaleantes cactos y filosas espigas se deslizan sin quebrarse. Y se aproximan las legumbres junto al cauteloso andar de las mandrágoras.

Ven y verás el alud de los mezquites, sicomoros, palmeras y árboles que dieron fruto. Y cómo cruzan los juncos con velocidad de ciervos y saltan los cipreses. Y las biznagas de vientre hidrópico se apresuran en el camino. Y los flamboyanes, con su jauría de hojas en brama, desaparecen. Ven y verás: las rocas no detienen la ráfaga de acantos ni existe brisa que mitigue la convulsión de los laureles. Y perece el júbilo de la creación, con sus nidos llenos de alas y sobrecoge el silencio del inevitable morir, y con él, la tiniebla que no cesa de llover sobre la tierra.

Ven y verás: los lagos abandonan al polvo sus zaleas calcinadas. Y huyen los riachuelos y dejan sólo líneas sobre un mapa de tierra. Y granizo de luto devora la floresta, y el mar de sal inunda vetas y agota torrentes y cataratas y marchita la lluvia de nieve en los volcanes. Y el rocío se petrifica sobre los tallos y enjuta el estruendo de los vendavales. Y queda el mundo sin una gota de llanto.

Ven y verás: se amotinan las fieras y se arrastran en oleaje de huesos rechinantes. Inmóviles lagunas de caimanes y buhos vacían sus ojos como lunas y los osos taladran sus vísceras. Y con la fija interrogación de sus cuellos sepultados en la arena, los dromedarios entre nudos de gritos y aullidos de jabalíes, y estertores espesos, se desangran.

Ven y verás: tigres de fauces impías y corceles de bronce y de espanto rastrean el hielo y las veredas duras de los áspides y huyen las alondras por la garganta del cielo. Y caen igual que piedras los animales domésticos y todo ser vivo se convierte en ceniza.

Ven y verás: mueren las estrellas, se empequeñecen y se transforman en diminutas cortezas con brillo de lentejuelas podridas. Y cascadas ciegas brotan del seno del sol, relámpagos de azufre deshacen sus montes, emerge su cabellera de uranio. Y en el caudal de su fragua los metales caen llameando al vacío y los astros se desvanecen. Y se borra el último lucero y desaparece el espejismo de la luna.

¡Ven y verás! Los bosques derrumban sus cadáveres y el horizonte de troncos crece y la monstruosa montaña de leños aumenta como una inundación y retumban en la sima y remueven sus escombros y se desparraman atrapados por el desconcierto, en "un solo haz de pesadumbre" y sobre el sepulcro de los soles, los troncos calcinados se buscan en sus huesos, mientras el aire sopla doloroso.

Pero cuando la carroña de las ramas desaparece, los contumaces de la tierra buscan resquicios del antiguo fuego. Y los de sangre reseca, sordos y heridos de blasfemia, distiéndense en la penumbra con su larga imploración inútil en espera de su definitiva muerte.

La dimensión de la sombra abarca la inmensidad.

Y todo es destruido. Sólo la Voz del Señor flota sobre la nada.

Y se abrirá el Libro de la Vida.

El firmamento inflamará sus "candelabros de oro". Y el peso de su luz justificará el signo de la espada. Y las bíblicas voces del torrente lo aclamarán. Y se abrirá el Libro de la Vida... Y poderoso fuego estremecerá los nombres de los que vuelven de la muerte purificados. Y se abrirá el Libro de la Vida.

El viento dejará flotar su túnica y las zarzas florecerán quedándose sin sed y sin lágrimas. Y la tierra será absoluta claridad con sus árboles redivivos.

Porque se abrió el Libro de la Vida.

CANINA FÁBULA

Un san bernardo sin muelas, viejo como una encina, lo recibió en la puerta. El recién llegado iba a retroceder cuando la voz del notario sonó tranquilizadora:

—Pase, joven, pase. No tenga miedo, es un animal muy noble.

El muy noble le huele el susto y con la leonada cabeza le va dando empellones por todo el patio hasta meterlo en la sala donde otros dos ejemplares chatos, tipo gángster, lo amenazan con la doble carrillera de sus fauces tendidas de oreja a oreja.

Pasan entre sus piernas con la furia de un ciclón, acometen al muchacho y casi lo derriban. Perseguido por la rugiente furia escala una baranda, lo suficientemente baja como para que el san bernardo se limpie las babas en sus pantalones ante la impasibilidad del dueño de la casa. Los otros dos, sobre las patas traseras, empujan sus evidentes y animales tarascadas. Cuando pasan junto al san bernardo se hacen disimulados como si no lo conocieran y enfocan contra el huésped su inteligencia proverbial.

El muchacho calcula la distancia del barandal a la puerta... Si apareciera un pretil salvador, una cornisa amiga, pero nada: el patio y la lisa soledad de los muros. Los perros se aconsejan y sientan plaza de dragones al lado de la puerta.

Su alarma crece al observar que van y vienen desde la orilla del incómodo refugio hasta la, ¡ay!, inexpugnable salida, lo olfatean y ladran de risa.

Sus tres enemigos están de acuerdo en acribillarlo a dentelladas.

¿Qué puede hacer un hombre de carácter, cuando está a punto de morir, sino entregarse a la meditación?

Él tenía ideas muy peculiares acerca de estos animales. Pensaba, por ejemplo, que vivían imaginando las calles con aspecto de selva, el suficiente para devorar a las personas. Desde aquel diminuto ejemplar, pelo de alambre, que le obsequiaron cuando cumplió cinco años, quedó expuesto al giro de sus reflexiones. El cachorro que parecía un juguete, apenas lo vio sin madre, le mordió con ímpetu las pantorrillas. Por eso su terror desandaba calles y calles para evitar el encuentro con algún perro. Cuando los veía venir, cambiaba de acera apresuradamente y repetía su movimiento de defensa cuantas veces lo amagaba una nueva sombra.

En vano conoció diversas historias de perros fieles y los vio afanarse en películas donde superaban la inteligencia del hombre. No lo convenció la existencia de famosos cementerios exclusivos donde los más poéticos epitafios son innegable testimonio de aprecio. Tampoco lo disuadieron un tratado notable sobre el cielo de los perros y hasta una tesis que plantea la posibilidad de que tengan espíritu. Además, leyó importantes estudios especializados donde se afirma que sólo les falta un grado para ser hombres, como hay hombres a los que falta un grado para ser perros. Aprendió poesías que ponderaban su amistad y desgarradoras melopeas con música de viento. Difería en absoluto de opinión. Achacaba el entusiasmo al romanticismo de algunas solteronas que se equivocan, como con los gatos: por más que afirman que son machos, invariablemente tienen gatitos.

El encomio de estos lobos sueltos en las ciudades proviene del rencor de los que detestan la compañía de sus semejantes.

Para él, serían siempre animales de presa con inteligencia diabólica que olían el terror y adivinaban el pensamiento. Vulnerables al soborno como cualquier juez de distrito.

Tampoco creía en su famoso olfato perspicaz, insuficiente para distinguir si un alimento está envenenado; pues se lo almuerzan con la misma ingenuidad que Esaú su plato de lentejas. Monstruos llenos de malicia, ávidos de lo siniestro. Hasta el pekinés abominable adivinaba su cobardía.

¿Y aquel grande de plomo reluciente que estiraba el cuello por la reja hasta la cintura, y cómodamente mordía a los que pasaban?

¿Y el maltés al que le dio la rabia y se comió enterita a su patrona?

¿Y el perro policía que se fugó con los ladrones?

¿Qué opinar del salchicha que devoraba tres kilos de chorizo y arruinó al pobre carnicero?

Él estaba en lo justo. Hasta el demonio era afecto a encarnar en su figura.

Lo intolerable, lo que verdaderamente odiaba, era que Elena, si se puede decir, salía a pasear de la mano de un galgo. ¿Sabría ella de su miedo?

Entre nubes oye al notario dictar y dictar y preguntarle si se siente indispuesto; pero en ese momento lo acechan los seis ojos de brillo inquietante, lo ven madurar y esperan.

Lo urgente es permanecer ahí, que nadie lo obligue a descender.

El letrado alza los ojos:

—¡Aquí está la escritura!

El muchacho se aferra a los balaustres como San Marcos a su león.

—Tenga —repite el abogado; pero el joven, con vigor repentino, plantea negocios fantásticos, gasta palabras por más de dos horas para entretener al buen hombre y esperar a que mueran los perros.

Sorprendido el licenciado por su inusitada locuacidad lo ve con desconfianza: "Hablar desde el barandal no es de personas decente y piensa en pértigas, grúas, para echarlo fuera de la casa.

Como llovido laurel, el encaramado suda e

inventa. Envía telegramas de despedida a su madre, a Elena. Sueña con que algún terremoto convierta en cariátides a los canes. ¡Pero no bajará, no se irá nunca, aunque anochezca! Se plantará ahí para siempre; hasta que entierren a los perros.

TOPOS URANUS

La única compensación de mi juventud desolada fue el acarreo de perfumes, jabones y cosméticos, con que atestaron la bodega de la casa. Las más finas esencias acompañaron mis años de adolescente y, entre efluvios, toleré el nacimiento pertinaz de mis siete hermanas, una por año.

Pude usar un perfume cada día de la semana. Si el lunes olía a "Heliotropo", el martes olía a "Rumor", y el siguiente a "Escándalo", y después a "Arpegio", a "Hora íntima", a "Intermezzo", y el domingo, a "La nuit bleue". Cada amanecer escogía de aquel jardín fantástico una flor diferente. Era tener el arco iris al alcance de la mano. Estuve embebida en colonias y esencias y no creo en un elíxir con el que no me haya saturado. Costosísimas cremas para las arrugas me recorrieron del tobillo al muslo donde generosamente las extendí y logré una suavidad que todavía me dura.

Cuando le tocaba su turno al polvo me daba baños completos hasta tomar la apariencia de un fantasma. Ya vestida... sólo un movimiento para que de mí lloviera tamo como de un costal de trigo.

Este huerto de magia aminoró muchas de mis amarguras. Largas horas pasé contemplando las ánforas blindadas, absorta ante los ostentosos envases coronados por diademas o por exóticas cabezas de africanas con sus collares de piedras. Los había con tapones esmerilados mayores que las botellas, otros remataban en prismas o en forma de lágrima, y había uno fascinante incrustado de rubíes y diminutos tréboles de plata; su interior de ópalo derretido tenía burbujas atigradas.

¡Aguas llenas de crepúsculo! ¡Frascos que degollaron sus gargantas frente a mis ojos ávidos! ¡Paisajes que viví a través de sus entrañas! ¡Botellas que imaginé un desfile de niñas ricas en traje de gala!

Había esencias que huían inexplicablemente en hemorragia invisible aunque las manos no tocaran los frascos. Esencias que se iban como se va la vida. Los pomos, con sus cerraduras intactas, en breve tiempo vaciaron sus urnas, y la sensación de su ausencia empañaba mi gozo enfrentándome al terror de su fuga.

Era famoso "nuestro olor" por toda la colonia. Y aunque esta popularidad molestaba a los de casa, a mí me enorgullecía.

En el internado fui un personaje. Excité la envidia de mis compañeras. No les cupo el asombro cuando comprobaron que usaba cuatro jabones distintos para mi aseo en el baño; el de "Hiel de Toro" para el cabello, "Heno de Pravia" del cuello a la cintura, legítima "Lavanda" de la cintura a los tobillos (porque los pies nunca me los enjabonaba) y, por último, el de "Ross" color de caramelo para mi cara y mis manitas. Llegué al colmo cuando como una excéntrica millonaria les enseñé las lociones que me cubrirían cada día, y me entusiasmaba deslumbrarlas regalándoles con profusión muestras pequeñas de perfumes costosos, tanto, que hasta logré olvidar mis medias de popotillo que parecían remendadas con soldadura autógena.

Cuando alguna buena chica me decía llena de admiración: "¡Debes ser muy rica!", escondía mis zapatos sin media suela, para contestarle en la forma más despreocupada: "Algo, algo..." Ahora, que había niñas malas que amargaron la posesión de mi tesoro llamándome "La Urania" y haciendo conatos de vómito cuando mi estela implacable las azotaba o asegurando que les producía jaqueca mi persona.

Pero fuera de esos malos ratos fui dichosa con aquel bosque de fragancia que era todo mío como mis cabellos y mis lágrimas.

Afortunadamente mis padres no tomaron el menor interés por el destino de aquellos sobrantes. Si alguna vez regalaban a sus amistades un perfume tenían que soportar mi llanto y mi histeria, pues me creía despojada.

Nunca supieron la importancia que aquel paraíso de colores significó para mí, para mi espíritu abandonado a la sola emoción de aquella bodega encantada.

LAS RATAS

—¿Hace tiempo que trabaja usted como bolero? —pregunto distraída al tipo que da vertiginoso lustre a mis zapatos.

Responde una voz venida de un cántaro:

—¡Oh, no! Llevo apenas dos años. Durante veinte fui velador en el Panteón de Dolores, era yo quien copiaba las actas de defunción. Aquí donde usted me ve, cursé la Secundaria y tengo muy buena letra.

¡Veinte años!..., miro al hombrecillo de edad tan indefinible. A golpe de vista era un muchacho.

Flaco, lampiño y borroso. Con un ojo encogido bordeado de azul que guiña sin su voluntad; la pupila triste naufraga en un caldo sanguinolento que le rebasa el párpado. El ojo izquierdo es diferente; puede pensarse que pertenece a otro dueño. Su labio superior cae lo mismo que el volante de una blusa vieja. El cráneo, dividido por una vena oscura que baja rodeándole la cara, parece un bulto sujeto con un cable.

Despide vaho de orines de caballo y un persistente olor a niebla que inquieta a los propios árboles.

Las manos pequeñas recuerdan el vientre de las iguanas. Seguramente no existe quien desee la caricia de esas manos.

Pero esta cosa habla, y lo que dice es más desagradable aún que la cara que tiene que llevar por el mundo.

—No crea usted, vigilar un panteón resulta difícil. Pero no piense que molestan los muertos, ésos ni resuellan. Si por ellos fuera, se lo pasaría uno muy aburrido. No; lo interesante son las ratas. Las hay por millonadas. Mire, es algo emocionante, sobre todo cuando llega un muertito. ¡Qué animales más inteligentes! Adivinan la hora exacta de la llegada de un cuerpo. Verá usted: inmediatamente que se cierra una fosa corre un rumor como si granizara; puede distinguirse que se atropellan en los laberintos subterráneos; como potros, se desbocan en el viaje despavorido para asistir al banquete que pregona la fetidez del aire. Vienen de todas partes, igual que la gente de las rancherías cuando sabe que algún compadre ha matado puerco. Puede oírse cómo pelean las hambrientas para defender su porción de carne manida. Crujen en ruido sordo las entrañas que desgarran sus colmillos. En unos cuantos minutos se hartan, pero se renueva la manada infinita que pule los huesos igual que una máquina. Aunque usted no lo vea, se da cuenta de que el esqueleto se desintegra, de que las ratas juegan con las canillas brillantes. Revuelven los huesos y el irreconstruible rompecabezas se dispersa trágico como un puñado de piedras. En los hocicos arrastran despojos de pelo, tiras de pellejo, residuos de tripas que vomitan empalagadas.

Los animales pesados y lentos hacen su paseo al sol. Sus vientres hinchados, como las bolsas de lona rellenas de pesos, esperan digerir la podredumbre.

Estas ratas carecen de miedo; indiferentes, se tienden boca arriba infladas de cáncer. Alguna vez se nos ocurrió extinguirlas a palos o a pedradas, pero reventaban como si todas las cloacas del mundo se vaciaran de pronto en el jardín.

Pasean por su imperio dueñas de la muerte; calvas y malignas se burlan de los hombres condenados a servir de pasto para su hambre eterna. Sus infernales pupilas resbalan familiarmente sobre los enterradores que duermen. Ríen de los seres que ceban su cuerpo, su piel y su sangre y que no podrán salvarse del estuche macabro de trompas afiladas y colas repugnantes.

Doy una moneda al hombrecillo y procuro que mis dedos no toquen su mano. Lo veo alejarse. Su estatura no es mayor que cuando sentado lustraba mis zapatos, como si no tuviera muslos y las rodillas fueran pegadas a la caja del cuerpo; arrastrando los pies camina igual que un mono de cuerda.

Miro mis manos, mis manos perfumadas, la piel que cuido y que también será devorada, repartida en sus lívidas panzas manchadas de jiote; yo que me amo tanto y que evité el contacto del pobre bolero...

UNA CARTA PARA ABSALÓN

Queridísimo: ¿Por qué no huí contigo la tarde que me lo propusiste? Hace trece años... la edad de la cordura.

¡Cómo lo he lamentado!; cuando cumplimos veinte fui yo quien lo propuso, ¡qué extraño lenguaje el tuyo!

Absalón, ¿quién inventó las palabras?

¿Qué dolor me hace insistir en lo nuestro?; hoy escribo para pedirte ayuda, pero no se trata de ti.

Deben habértelo contado:

Voy a realizar el sueño de los míos: emparentar con un noble. Mi familia hubiera preferido un título que se remontara a los antepasados de doña Urraca o al menos a la ascendencia directa de Barbarroja. El título de mi novio, recién acuñado como un pan salido del horno, aminora parte del éxito.

Con el fin de que te des cuenta de lo grave del problema, tengo que explicarte algo de lo que me ocurre en esta mi nueva patria.

Mi familia no repara en gastos para que yo aprenda los conocimientos que me pongan a la altura de esta aristocracia tan refinada.

No sabes a qué velocidad asimilo cierta elevadísima cultura. Estudio esgrima, el Gotha, solfeo, danza, genuflexión, ajedrez, protocolo, etc.

Vivo en excitación continua.

Agotaría cien páginas contándote mis emociones.

Figúrate que los reyes —que todavía no he visto— se ocupan en quehaceres muy peculiares: firman tarjetas de agradecimiento para los visitantes ilustres; nombran condes, cuando ya se están acabando; vigilan que a las carretelas no les falten sus motitas doradas y obtienen "le grand prix" en las exposiciones de perros.

La puntualidad de los vecinos es sorprendente, así como su empeño en beber pócimas de no sé qué clase de yerbas, huérfanas de alcohol y de sustancia. Padecen un deseo frenético de ingresar en la Nobleza aunque bien saben que es casi imposible y que, en la corte, todos son desdichados puesto que tienen un solo papel repetido eternamente. A nadie dejan iniciativa para conseguir simpatías y mejorar de condición.

Mi prometido me advierte que, en Palacio, nuestro título nos otorga la merced de colocarnos a metro y medio de la puerta y a hacer una reverencia cuando el maestro de ceremonias nos lo indique; pero no hay esperanza de que nos dejen hablar, ni para decir "hola" o "buenos días".

En casa se hinchan de vanidad al suponer que los periódicos y revistas tendrán que retratarme al lado de príncipes y condes.

Aquí toman muy en serio los linajes. El nuevo noble hereda sangre real al mismo tiempo que recibe el título. No se pueden hacer bromas acerca de este asunto.

¡Ah! Tienen algo maravilloso. Un Club del Silencio. Tan difícil es lograr ser miembro de él, como que te nombren Zar. Poseen un edificio extraordinario. Rigurosamente alfombrado; desde el portón las pisadas desaparecen con tan blanda sordina que dan la sensación de ir en el vacío o en una sala de enfermos graves.

Los socios ocupan sus mesas y juegan solitarios; barajas de franela con algún fantasma que les acomoda las fichas suavemente. Para aminorar el ruido, esta sociedad inconcebible liba aguardiente en vasos de corcho y evitan que truenen los bocadillos para botana sirviéndolos remojados. A los que respiran fuerte o roncan en la siesta les ponen silenciador.

Hasta las hojas de los libros y revistas son de manta pesada.

Lo más impresionante es que el mutismo los iguala a todos. Su consigna de mudez los nivela como la misma muerte. Ninguno puede alardear de sus éxitos, ni descubrir su imbecilidad; la inteligencia resulta nula y hay idéntica oportunidad para sabios y cretinos en este concurso de cadáveres llenos de salud. Es la única forma de igualdad humana verdaderamente posible. El no hacer comentarios sobre su propio esqueleto los libra de comparaciones odiosas y les da un conjunto vegetal muy armonioso. Mi prometido es socio del Club y me alarma que, de tanto no hablar, vaya a perder el tacto.

Por varios conceptos el país es fascinante, siempre me resulta nuevo. Pero hay una preocupación que me lo amarga todo y por la cual te escribo, ya que únicamente tú, mi fiel "hermano", podrás aconsejarme:

Lo que dificulta la realización de mi boda es que los "dueños del Protocolo" exigen a mi flamante Marqués que yo posea también un título nobiliario. Para otorgármelo sólo aceptarían alguna acción verdaderamente heroica. Así que si no me pongo heroína jamás tendré derecho a alternar con las rancias familias, pues tal anuencia no la puedo comprar ni con todo el oro de mi padre.

¡Cuánto desearía que estuvieras aquí, tú, mi amigo de infancia, mi dulce Absalón, que tan bien me conoces y sabes lo débil que soy para resistir a los planes de mi familia!

Mi abuela me sugiere que atraviese el Canal de la Mancha en un braceo novedoso, con la respiración a cuestas, que es la que estoy ensayando. Mis primos me aconsejan que me desplome en paracaídas, sin abrirlo hasta que me halle a dos metros del suelo, cosa que mucho entusiasma en este país y parece que ya lo intentaron unos voluntarios el año pasado aunque no tuvieron suerte.

Quizá fuera más fácil arriesgarme de mujer mosca, trabajito novedoso que por aquí no se conoce, aunque sea tan popular en nuestra tierra. Pero la principal dificultad reside en que los edificios son lisos y medio enjabonados y, por otra parte, es imposible ensayar en los camiones; van muy de prisa, con las puertas selladas como las bocas de sus habitantes. En los ferrocarriles tampoco es posible mosquear; llevan la ruta sin escalas y me cuentan que duran meses en movimiento continuo.

Tendré que hacer algo extraordinario, pues está decidido que sin un acto sublime no hay matrimonio.

Ante tantos obstáculos me siento como un caballo de carrera con las patas trabadas.

Sé cómo me quieres y te ruego que por cable me envíes una idea fácil y original, porque sólo me dan una semana para que me escrituren un árbol genealógico.

¡Ay Absalón!, ¿por qué no huiría contigo la tarde que me lo propusiste?

Te abraza como siempre

XXX

JUDIT

Ramiro no me ha dicho nada. Mi risa, mi turbación, debieran obligarlo a seguirme, pero sólo aparece su temerosa palidez. Voy hasta su casa, hablo con sus hermanas y siento que, invisible, grita su poder, su deseo, su extravío. Regreso siempre sin compañía, ni su brazo ni su voz me ayudan, y todos lo saben: me ama. Ramiro es el escándalo del pueblo porque riñe, porque no va a la escuela, porque ronda desesperado. En la noche lo oigo caminar, siento que respira junto a mi boca, siento que llora. En el día desaparece, y cuando estamos en el teatro es dulce y terrible. Judit terminó de acomodarse los rizadores, se alisó la ropa y salió del camerino.

"¿Qué sucedería si en la destrucción sólo la torre ardiente de los ojos te buscara? ¿Qué sucedería si en la desgracia no consiguiera el abrigo de tus manos? ¿Qué sucedería si por ir contigo el corazón me abandonara?"

Ramiro entonó el parlamento junto a las atónitas pupilas de Judit.

"Y si todo es así. Si desaparece nuestro amor, escojo la crueldad de la espada."

El signo de muerte puso fin al ensayo.

—¡Mañana a las siete!... ¡Mañana a las siete!

La orden fue dejando, lenta, el teatro vacío.
Afuera la lluvia y la niebla revueltas con los ruidos de la cantina y el billar. Recargado en una columna, Ramiro vio la ráfaga del vestido de Judit apagarse en una esquina.

Los dieciocho años le calentaban la vergüenza de conocerla desde niña; tiraban de su timidez para que no le hablara, para que no se atreviera a saludarla; lo empujaban al desdén por sus compañeros; le cebaban el odio contra el pueblo; lo oprimían en corrosiva soledad.

Tomó una piedra, la tuvo entre sus manos, segundos, y luego lo encaró un estrépito de vidrios y de apresuramientos.

—Se me dio la gana. Pagaré lo que sea.

No se atrevieron a tocarlo.

Armado de cólera marchó delante de los guardias, entró firme en la comandancia y, temblando, recibió el regaño. Al salir, cuando su padre llegó por él, los que ahí estaban no soportaron la llama de sus ojos.

—Malditos.

—Creen que porque tienen dinero pueden hacerlo todo.

—Anda como loco.

—¿A mí qué me importa lo que haga? No porque sea rico tengo que fijarme en él.

—No es mal muchacho. No es feo. ¿Qué tiene que sea rico?

Las tías, las hermanas, las amigas, eran sus adversarias. Inoportunas y prolijas recaían, porque sí, en hablar de los Quezada y sobre todo de Ramiro. No había suceso desligado de su casa, de sus bienes, de su persona. El muro de rencor y de superficial indiferencia con que Judit paraba las arremetidas a veces amenazaba ruina, sobre todo cuando él declamaba con lúcida dolencia la congoja de Tristán.

Con qué despego, con qué repulsión seguía Judit la preferencia y el consentimiento con que todos lo admiraban. Un error, un movimiento en falso, una advertencia, un olvido, aunque el director no los marcara, eran la justificación de su aborrecimiento, la lima con que regocijadamente lo aplanaba. Pero cuando el parlamento venía derecho a su oído, cuando el pulso se le adormecía en las muñecas, cuando fluía la sangre pacificada, entonces los ojos tristes de Ramiro existían, existían sus intenciones y existía su cuerpo.

La indicación del director, el diálogo de los demás, la escena interrumpida, la recobraban al desprecio, al deseo de huir. La parte única en que debían estrecharse las manos, Judit la esperaba con oscilante emoción. Apenas el roce de los dedos, y ya el sudor le endurecía los ojos, le torcía la voz, le enloquecía los pasos. Las órdenes de repetir eran odiosa y traicionera denuncia y un dolor vengativo le crecía cuando Ramiro humilde la consolaba.

—Es desprecio. No soy nadie. Pero él tampoco es nadie. No se atreve a verme los ojos, ni me habla. Me teme. Casi me gusta; bueno, me gusta, pero no lo quiero. No me atrevo a contárselo a mi papá porque me sacaría de la escuela. Él me daría la razón... que no tengo por qué hacerle caso. Sí, es guapo, todas las muchachas quisieran que se fijara en ellas, pero él sólo se fija en mí. Tampoco. Lo que pasa es que soy su capricho. Mi papá le diría su precio: mi hija no es para usted; ni su dinero, ni su linda facha es bastante para que se la lleve; no me importa trabajar para su padre, no me importa ni usted, ni su riqueza, ni el empleo de su padre. Yo sé trabajar y mi hija es primero. ¿Me entiende? Mi hija vale más que su presunción. Usted no tiene nada, nada que pueda hacerla feliz, porque ella no lo quiere, sépalo no lo quiere.

—Tú lo tienes que decidir, tú misma. Para ti siempre hemos deseado lo mejor. Ramiro no es mal muchacho; pero si tú no lo quieres, ni tu madre ni yo hemos de reprochártelo.

Camino del teatro, Judit piensa en el pueblo vacío: que nadie se cruce con ella, que nadie le hable, que nadie sea. Sólo las casas entre fuego estrujante, sólo la limpia eternidad del valle, y la fresca suavidad del viento. Sólo ruinas entre la demoledora vegetación. Sólo piedras, sólo polvo y cenizas. Ella sale a la puerta de la aldea como a combatir un ejército de feroces legiones y vence con su resolución: nadie saquea, nadie viola, nadie levanta la cabeza del suelo. El capitán tiende los brazos, pero no la toca. A ella nadie la toca; su orgullo afilado la protege. Abatida la soberbia del guerrero ella lo repudia, ya no es más el victorioso, el digno, el alabado; no es más que súplica y necesidad y estupidez. Ya pueden salir los medrosos pastores, las bobas dueñas, a contemplar su triunfo, a reír del miedo que sentían, a reconstruir el pueblo, a recordar la hazaña. Ella nunca más los vería, nunca más les tendría piedad, ni estimación, ni lástima. ¡Si no existiera la gente, si no impidieran que hablara el corazón! ¡Si nos dejaran solos! ¡Si encontrara a Ramiro y todo pudiera quedar dicho! Pero ahí estaban las mujeres sobre su puerta, sobre su decisión, sobre su cariño. Ella que no quería ser débil, que para no oír había buscado el más cerrado sentimiento; pero hasta ahí llegaban los golpes, no sólo de ellas; también Ramiro, a quien hubiera bastado llamar quedo, también él, voceaba su pena indómita. ¿Por qué tanta fuerza contra tanta pobreza?, ¿por qué su padre oía otras conveniencias?, ¿por qué insistían en arrojarla sobre lecho de oprobio?, ¿por qué la entregaban a la furia de Ramiro?, ¿por qué la preparaban al ultraje?

Judit no llegó al teatro. No apareció con los amigos. Nadie la vio salir de la casa de Rufa.

—Reza tres avemarías; pon el colmillo sobre tu corazón; dale de esta yerba. Verás cómo cambia la suerte.

Con el manojo en las manos, por el trecho de campo de la casa de Rufa al pueblo, poco antes de la noche, Judit pisa su camino de grillos, de rastrojo, de lodo, de espesa transparencia.

Los otros deben tener razón. Desean su bien y es necedad rebelarse. Ramiro es el mejor del pueblo y ella no es la mejor. Otras más bellas, ricas, la envidian; lo comprende cuando en la iglesia, o después, en las vueltas al parque, las sorprende juzgándola. Condescender con Ramiro es como respirar, como tener hambre. Su padre le había dicho: "No te lo reprocharemos", como si de pronto le hubiera brotado una llaga en la cara. Su conducta no convenía, puesto que había qué reprochar o qué pasar por alto. Lo decente es pertenecer a Ramiro porque sí, porque él la quería; él lo dijo, aunque no con palabras, y el pueblo se afanó en satisfacerlo. Era imperdonable que ella no obedeciera, que no aceptara el beneficio que, también porque sí, le sobrevenía y que ellos anunciaban con alegre recelo. Hasta la tristeza de las muchachas despreciadas o no vistas por Ramiro conspiraba en su contra. ¿Por qué doblegarse? Ella no era bien de Ramiro, ni de nadie, para que la tomaran cuando les viniera en gana. ¿Qué sabían de su conveniencia? ¿Por qué le decían que por su bien? Nadie hubiera dicho una palabra si se le hubiera ocurrido voluntariamente ser de Ramiro; también eso estaba en el orden de las cosas.

—Que hagan su gusto. Seré de él, pero no aquí. Moriremos los dos. ¡Nos hubieran dejado hablar! Aman su ruido, quieren decidir por nosotros, ser más que nosotros. No les importa más que el acontecimiento, que si yo cediera, igual los decepcionaría; en cambio, así les daremos la gran función. Por mucho tiempo hablarán y hablarán de los dos.

"Ha sido nuestra culpa. Cada destino injustificado dirá lo que convenga. Para el amor no hay filtros, ni talismanes, ni fórmulas. Yo digo que mi locura proviene de haberte visto y de anhelar tus labios. Porque quiero libremente traicionar por ti, humillarme por ti, morir por ti. Con qué destreza sujeto el bien y el mal a mis decisiones, con qué invariable tenacidad he preparado estos lazos y con qué sutil esmero he atraído la presa, he cazado en coto ajeno y la pieza la retengo, no la entrego. ¿Hay alguien que reclame suya la existencia del aire? En casa ajena he entrado a respirar, sólo a eso, y no rehuyo el castigo, ni el delito es pequeño..."

—¡Alto, alto! ¿Adónde va usted?

Judit deshizo la garra que la detenía y centelleante avanzó con una copa dorada que le tendió a Ramiro.

—¡Bebe!

—¿Qué pasa, Judit?

—Es nuestra obra. ¡Bebe!

El tumultuoso desconcierteo bajó hasta la expectación urgente. El director, tal vez, preparaba una sorpresa. ¿Hasta dónde iba a prolongarse la broma? ¿Qué hacían los ayudantes y los otros personajes en el escenario, que rodeaban a Judit y a Ramiro sin intervenir? ¿Qué fuerza o qué orden los retenía junto a los bastidores cuando ella majestuosa e ingrávida dijo:

—Es justo que muramos. La comedia debe tener el fin que propone el libreto. No podemos seguir en medio del mal y salvarnos. Aquí nos han colocado y obedecemos, pero sólo en un punto nuestra decisión prevalecerá: yo he señalado el día y la hora de la consagración. Si estás conmigo, si lo que ellos dicen es verdad, entonces...

Ramiro quiso arrebatarle la copa que Judit ya tenía en los labios y sólo consiguió atraerla.

—¿No me respondes? También le temo a la verdad y no resistiría su sonido. Si tú me quieres, bebe después de que yo lo haga.

—¿Estás loca, Judit? Deja eso.

Ramiro la estrechaba contra su cuerpo mientras le murmuraba al filo del oído:

—Deja que yo lo haga primero.

—Contéstame, ¿tú me quieres? Díles a todos que me quieres, dímelo a mí también, es necesario que lo sepa por ti.

—Te quiero, Judit.

—Era preciso que tú lo dijeras. ¡Él ha dicho que me quiere! Ha dicho que me quiere y eso cuenta. Ustedes me lo iban a decir. Para decírmelo corrían sobre su miedo, sobre su orgullo, sobre lo que yo pensara. Muéstrales que no eres cobarde.

En los ojos de todos estaban los de Ramiro pidiendo auxilio (había conseguido abrazar a Judit por el talle y ella le reclinaba la cabeza en el hombro). La copa casi desaparecía entre las manos tristes.

—¿Por qué haces eso, Judit?

—Bastaba que tú hubieras querido y ya estaríamos juntos. Voy a morir por ti; pero no me sueltes hasta que haya sucedido. Prométeme que si me quieres tú beberás después.

Alguien corrió para ayudar a Ramiro, pero Judit se dio cuenta y gritó:

—No lo permitas. Que nadie me toque. Ten, bebe tú primero y demuéstrales que ya lo habíamos pactado; es inútil que quieran impedirlo.

Con la copa en las manos, ebrio de turbación y de amargura, casi para pedir clemencia preguntó, ahogándose, si ella así lo quería.

No deseó verlo abatido y humillado. Sufría, pero la contentaba que los otros miraran adentro del miedo de Ramiro, y que lo compadecieran. En cambio, ella los hería con su enconado orgullo, con su enaltecida resistencia.

—Ves, no tengo miedo.

Su rostro demudado se hundió en el pecho de Judit que había regresado a sostenerlo.

De las butacas, de los palcos, de las decoraciones, llegaba gente al escenario en un esfuerzo inútil. La cabeza doblada de Ramiro quedó sobre las rodillas de Judit; ella le repetía llorando:

—Es mejor que yo viva para prolongar el dolor de tu muerte.

CASO CLÍNICO

No, DOCTOR, lo que padecen los otros es distinto. Lo que yo tengo es encantamiento y mi mal comenzó... desde siempre:

Nací sin piel, como las frutas mondadas, y pude sentir sobre mi carne hasta el cabello del viento. Sufrí de claridad desde la cuna. Fatalmente ya no necesité de las cosas.

Habité por dentro una ciudad distinta y la habilidad de mis ojos se volcó en su paisaje. Descubrí la raíz de la ausencia, el color exacto del remordimiento, hasta podría dibujarle las máscaras de la angustia.

¿No ha oído hablar de lagunas en el cerebro? Las hay inmóviles como los hielos del Ártico, de silencios líquidos y tibias como el Limbo. Pero usted no sabe que ahí ocurren naufragios pequeños como los de barquitos de papel; tampoco sabe lo que es tener horizontes siempre fijos; ni lo que es oír una campanada larga que no acaba el toque, que se transforma en aullido, que se quiebra luego entre los tímpanos con amarga vibración.

Y de la sed ¿qué sabe? ¿Ya descubrieron al fin su sitio y por qué no la sacia el agua? ¿Conoce algo nuevo acerca de la sangre?

En la sangre siempre es de noche. Los glóbulos se erizan, rompen sus cadenas, e inventan rítmos de fósforo; pero su danza es viuda, los glóbulos son hostiles.

Los huesos se ajan como espinas marchitas y la vejez de adentro tiene arrugas que duelen.

En todo vientre existe una cuna en olvido.

Mucho dicen sobre el hambre, pero el hambre que desgarra es de palabras. Cuando alguien las descubre, los hombres se lanzan a ellas para dejarlas como mujerzuelas.

La culpa la tiene el eco, porque traspasa las gargantas con una misma voz y el mismo gesto para cada convulsión.

Pero no tengo lo que piensa. Este temblor que observa es natural; me empieza el deshielo. Peor me pongo cuando es tiempo de fogatas. En ese entonces las arterias sueltan sus papalotes y mi cabeza se eleva, golpea el firmamento y se instala en el mundo del insomnio. He de subir más alto, cuando desentumecidas mis venas la fiebre que padezco sea más intensa.

No estoy enferma, no: sucede que mis brazos vienen a mi encuentro y me empujan; mis piernas huyen, son ellas las que viajan, mientras permanezco hundida en mi cansancio.

Cuando regresan, mi memoria está parda y exprimida; no reconozco mi cuerpo. Prefiero repartirme en un puñado de luciérnagas; pero el resplandor de sus luces ni siquiera alcanza la de un mechón encendido, ni asciende su vuelo, porque las detiene siempre un techo de bronce. Pululan sordas, en enjambre siniestro que se apiña, aquí, sobre mi asfixia.

¡Por favor, no sonría!

Me he quedado como un ebrio esperando que pase mi camino. Los caminos están llenos de pisadas y por fuerza hay que ir sobre las huellas.

Pero yo me equivoqué de bosque; olvidada bajo este árbol del sueño se me ha dormido hasta el odio.

Me doy cuenta de que en mi corazón avanza un eclipse. Lo siento moverse en lo oscuro como una ostra y confabularse en las tinieblas.

Debo llorar un día de éstos...

No se asuste: el delirio es un regalo de dioses. Es como concebir al sol y morirse del espanto de que nunca vaya a nacer.

En el mundo de afuera todo cambia; ahora le da viruela al vidrio y los niños se empañan. Los pececitos del mar han perdido la inocencia; al crepúsculo lo venden en botellas, y el pensamiento es una epidemia que curan con anestesia. Hablan de alquimias para conseguir la esperanza. Usted debe saber esto. De lo que no podría informarme es de encantamientos. En las universidades todavía no enseñan la materia.

Bueno, otro día le explicaré más síntomas porque ahora estoy de prisa. Necesito averiguar si existo, en las funerarias.

ÍNDICE

La tía Carlota	7
Prueba de inteligencia	15
Tiene la noche un árbol	19
Historia de Mariquita	23
El sapo	28
El Correo	31
El moribundo	35
La araña	41
Al roce de la sombra	43
Al revés	58
La hora desteñida	66
Zapatos para toda la vida	68
Los piojos	71
Conversación de Navidad	73
Mi chimpacé	77
Guía en la muerte	80
La timidez de Armando	86
Digo yo como vaca	92

Y se abrirá el Libro de la Vida 94
Canina fábula 97
Topos uranus 102
Las ratas 105
Una carta para Absalón 108
Judit 113
Caso clínico 122

Este libro fue impreso y encuadernado en empresas del grupo Fondo de Cultura Económica. Se terminó de imprimir el 8 de Marzo de 1985 en los talleres de Lito Ediciones Olimpia, Sevilla 109, México 03300, D. F. Se encuadernó en Encuadernación Progreso, Municipio Libre 188, México 03300, D. F. El tiro fue de 50 mil ejemplares.

Diseño y fotografía de la portada: *Rafael López Castro.*